民族魂

学生成长励志故事读本

遵纪守法故事

陈志宏◎编著

延边大学出版社

·延吉·

图书在版编目（CIP）数据

遵纪守法故事 / 陈志宏著 . —延吉 : 延边大学出版社 , 2013.3（2024.1 重印）

ISBN 978-7-5634-5404-4

Ⅰ . ①遵… Ⅱ . ①陈… Ⅲ . ①品德教育－中国－青年读物 ②品德教育－中国－少年读物 Ⅳ . ① D432.62

中国版本图书馆 CIP 数据核字 (2013) 第 049226 号

遵纪守法故事

主编：陈志宏

责编：郭玉玲

封面设计：映像视觉

出版发行：延边大学出版社

社址：吉林省延吉市公园路 977 号 邮编：133002

电话：0433-2732435 传真：0433-2732434

网址：http://www.ydcbs.com

印刷：天津市天玺印务有限公司

开本：155×220 毫米　　　1/16

印张：8

字数：50 千字

版次：2013 年 03 月第 1 版

印次：2024 年 01 月第 4 次印刷

书号：ISBN 978-7-5634-5404-4

定价：38.00 元

民族魂，是一个民族的精髓，体现了一种民族的精神，是民族存在的精神支柱。

说起民族的精神，人们通常都会想到爱国主义。从古代的屈原、岳飞，到近代为保卫祖国领土完整的人民英雄；从古代的发明家张衡、毕昇，到今天为祖国的建设事业贡献力量的科学家；从古代的李白、杜甫，到今天为民族文学艺术的提高而不懈奋斗的文学家……在他们身上，都体现出一种广义的爱国主义和爱国精神。

爱国主义是一种伟大的民族精神，也是中华民族的传统美德，与我们祖国上下五千年的历史一样源远流长。作为一种巨大的精神力量，它对中华民族的历史发展与进步产生了重大的影响。

民族魂
学生成长励志故事读本

前 言

在我国古代历史上，不仅出现过许多杰出的政治家、军事家、思想家、文学家、科学家、艺术家，还出现过一大批忧国忧民、鞠躬尽瘁的仁人志士和抗击外敌、抵御入侵的民族英雄。他们或开发和改造祖国的河山，创造灿烂的中华文明；或英勇反击民族压迫和外来侵略，捍卫国家的主权和民族的尊严；或坚决反对民族分裂，维护国家的统一和民族的团结；或顺应历史潮流，积极改革弊政，励精图治，治国安邦，施利于民……他们从不同的侧面体现了中华民族的爱国主义精神，谱写了爱国主义的壮丽诗篇，铸造了中华民族坚不可摧的"民族

之魂"。

　　人们之所以将爱国主义精神作为中华民族精神的主要特征，是因为19世纪以来的中华民族饱受外来民族的欺凌、压迫和剥削，从而需要以爱国主义来凝聚人心、努力奋斗，从而获得民族的解放。

　　翻开中国近代史册，最触目惊心的是一场场的战争、一件件的国耻。深重的民族灾难，撞击着每一个爱国者的心。帝国主义列强发动了第一次鸦片战争、第二次鸦片战争、中法战争、中日甲午战争、八国联军之役等大小100多次战争。每一次战争，都以强迫清政府签订不平等条约而结束。

　　面对亡国灭种的威胁，华夏大地的炎黄子孙们掀起了波澜壮阔的爱国热潮，创造了光照千秋的爱国主义业绩。中华民族所散发出来的民族精神，无论在深度和广度上都是前无古人的。无数民族英雄、志士仁人，在救国图存、振兴中华的斗争中所表现出来的爱国精神，既是对中华民族古代爱国主义传统的继承与发扬，又具有鲜明的时代特征。

　　除了爱国主义之外，勤劳、勇敢、诚信、团结、知礼、尊贤、节俭、敬业，热爱和平、不屈不挠、自强不息、励精图治、开拓创新等，也都是中华民族的精神精髓，是中华民族灵魂的具体表现。在五千年的历史中，我们的先辈在这片土地上，以这种高尚的品行和美德不

民族魂——学生成长励志故事读本

断地开辟，才有了如今屹立于世界民族之林的东方强国。作为一个有着漫长历史的积淀与升华的民族，伟大的民族精神早已烙刻在了我们每个人的灵魂深处，与我们的血肉融合在一起。

青少年是国家的希望，也是民族不断发展和延续的根本。总有一天，我们的民族精神、我们祖国的这片神奇的土地要传到当代青少年手中。从这个意义上来说，我们民族精神的生机与活力，我们祖国的命运与前途，也掌握在青少年的手中。因此，青少年的爱国主义教育和励志图强教育也就显得更加重要。为了增强和提升国民教育，尤其是青少年的爱国主义精神、民族精魂志向，我们精心编写了本套丛书——《民族魂——学生成长励志故事读本》丛书。

民族魂
学生成长励志故事读本

前 言

本套丛书将有史以来体现民族精神和民族灵魂的典型事迹，以通俗易懂的故事形式娓娓道来，非常适合青少年的阅读水平和欣赏口味。书中提供了古往今来多个典型人物和事件典范，展现出的人物也涉及社会的各个层面，有利于青少年立心、立志、爱国、进取，从而全方位地领悟中华民族的精神、灵魂之所在。

在本套丛书中，为帮助读者更好地理解和学习这些源远流长的美好精神，我们还在每一篇故事后面给出了"心灵物语"，旨在令故事更加结合现代社会，结合我们自身的道德发展，提高我们的民族爱国精神，并由此

而引发读者进一步的思考。

深刻的哲理人生，表现了博大精深的文化；精彩的人物事迹，道出了励精图治的典范；历代的爱国故事，喻出了民族精神的深意；高尚的品德展现，浓缩了上下五千年的灿烂文明……我们希望，青少年朋友们通过阅读本套丛书，能够受到深刻的爱国主义教育，能够真正体会到中华民族的灵魂所在，同时更能够汲取精华，励精图治，为提升自己的个人素质、为祖国未来的建设和发展作出努力。

全套丛书分类编排，内容详尽，文字优美，风格独具，是广大读者，尤其是青少年爱国励志教育的优秀读物。我们相信，本套丛书一定可以成为青少年朋友们的良师益友。

導言

　　遵纪守法，就是要求人们在做任何事情时都要遵守相关的规矩和制度，遵守法律所规定的行为规范，不破坏和违反法律规定的内容。遵纪守法是中华民族宝贵的精神财富和传统美德之一。中华民族正是因为有了这种美德和传统，才得以繁衍生息和发展，才能够自立于世界民族之林。

　　不辨是非难处世，不知荣辱不成人。遵纪守法是每个公民应尽的义务。在社会生活中，是非、善恶、美丑的界限不能混淆。"以遵纪守法为荣、以违法乱纪为耻"是社会主义荣辱观中的重要内容，切中时弊，掷地有声。没有规矩不成方圆。以遵纪守法为荣，就要求我们每个人从工作、生活细节出发，以道德养成和自觉践行为目标，"勿以恶小而为之，勿以善小而不为"，坚守正确的人生准则和价值观。

　　但是，由于我国现阶段正处于经济体制转型的重要历史时期，社会的深刻变革，各种文化的碰撞，市场活动的消极因素等等，这些都影响着人们的思想观念和行为。一些人经受不住诱惑，导致人生观扭曲，价值观错位，道德防线溃退，荣辱不分。辛勤劳动被视为"没本事"，遵纪守法被视为"不开窍"，这是荣辱观缺失、颠倒和法纪观念淡化的表现。在这种情况下，弘扬遵纪守法成为当务之急，灌输遵纪守法的观念需要大力宣传社会正气，树立正确的法治观念，大力普及法律知识，做到人人懂法、人人重法、人人守法，自觉地同违法乱纪现象做斗争。

因此，我们既要广泛宣传教育，又要强化制度约束。宣传教育是推动全社会树立遵纪守法观念的基本手段，要引导人们从身边小事做起，养成良好的行为习惯，自觉遵守社会道德。同时，也要充分发挥法律法规和规章制度的激励约束作用。

在本书中，我们选取了历史上遵纪守法的故事，这些故事千百年来为人们所颂扬，今天读起来依然对我们有很大的启迪作用。我们希望读者阅读此书后，能够学到其中精神。在社会主义精神文明建设的新时期，我们在继承遵纪守法这一中华民族传统道德的同时，更要使其发扬光大，本书正是出于这样一个目的，通过饱含哲理、感人至深的法律故事，对社会上道德失衡的现象进行鞭挞，弘扬正气，从而营造一个懂礼守法、惩恶扬善的大环境，在全社会形成人人遵纪、人人守法的良好社会风气。

目录

CONTENTS

I

 第一篇

立规矩以成大业

郑子产铸刑鼎以立法

郑子产（？—前522年），原名公孙侨，字子产，春秋末期郑国人。

春秋时期，新建的郑国（今河南省）位于晋楚两大霸主之间，地狭势弱，强国为邻。为了避免被强国吞并，郑国国君从一开始就着意进行社会改革，调整贵族和商人、农民之间的关系，使商人和农民获得了许多权利和自由。子产的父亲子国，就是一个帮助国君进行改革的人，后来在旧贵族发动的一次武装叛乱中被害了。

郑子产在平定那次武装叛乱后，被国君委任为"执政"，负责管理全国的行政事务。他年轻有为，懂得立国的根本是要安抚好平民百姓，得到他们的拥护和支持。因此，他首先改革军赋制度，从而限制了贵族势力，使他们不能"越制"；提高了商人和农民的社会地位，使他们在某些方面取得了与贵族"平等"的权利。这项改革遭到了许多贵族的责骂，但子产很坦荡地说："他们想怎么骂就怎么骂吧，只要对国家有利，我会舍出性命去做。我知道行善政只有坚持才能成功。"

过去，郑国的法律刑书是被藏起来的，平民百姓不知法，不懂法，犯了过错任凭执法的贵族随意处置。平民百姓与其说是怕刑罚，不如说是怕执法的贵族。因为执法的贵族说一句话，平民百姓就会在糊里糊涂中"犯罪"，倾家荡产甚至身首异处。对于这种做法，郑国的商人和农民很不满意。

郑子产深知密藏法律刑书对平民百姓是不公平的，因此他极力主张实行"猛政"。"猛政"如火，他说："火性是猛烈的，使人看见害怕，反倒很少有被烧死的人。水性是懦弱的，人不怕水，喜欢玩水，反倒有许多人被溺死了。"这里说的"猛政"，就是要把严厉的法律刑书公之于众，让平民百姓知道触犯刑律的严重后果，知道畏惧，因而不敢再去做犯法的事情。

为了实行"猛政"，郑子产力排众议，于公元前536年铸刑鼎。也就是把郑国的法律刑书一条一条地刻在一个很大的金属鼎上，再把这个刑鼎放置在通衢要道，使人人都能看得见，都能知法懂法，依法办事。

郑子产铸刑鼎在春秋各国引起守旧派的一致反对。晋国旧贵族的代表叔向就直接给子产写信，质问子产说："法律刑书一经公布，平民百姓就知道了如何来避免刑罚，他们就不再害怕执法的贵族了。是非曲直都由刑鼎上的法律刑书来决定，那执法的贵族还有什么用处呢？"郑子产回复说："我这么做是顺应民心的，也是为了救世啊！"

郑子产说得很对。因为郑国从铸刑鼎以后，就限制了执法贵族的权力，使商人和农民能够在法律允许的范围内安居乐业，放心大胆地发展生产。这样，郑国就出现了一个社会稳定、国力丰厚的局面。二十多年后，叔向所在的晋国也学郑子产的做法铸了刑鼎，公布范宣子所作的刑书。到了战国时期法家学派逐渐形成，而郑子产则被尊奉为这个学派的创始人。

心灵物语

无规矩不成方圆，郑子产铸造刑鼎把法律公之于众，让广大百姓都认识到了法律的存在，让是非曲直大白于天下，这是安邦治国的根本措施。

■史海钩沉

郑国始末

郑，先秦姬姓诸侯国。西周末年，周宣王封其弟桓公友于郑（今陕西华县东）。幽王时，桓公为王室司徒，见西周将亡，便东迁至虢、郐之间（今河南）。西周灭亡，桓公死难，其子武公拥戴平王有功，为王室卿士，遂在虢、郐间建立郑国，建都新郑。郑的势力不断发展，到庄公时（公元前743—前701年），侵伐许，破息攻宋，大败北戎，又同周王交换质子，抗击周桓王统率的周、陈、蔡、卫诸国联军的进攻，大破王师并射伤桓王，成为春秋之初相当活跃的小霸主。后其内部争权夺位事件不断发生，发展受挫。但因地处中原，交通方便，商业活跃，兵力亦强，春秋时期一直是大国争夺的中心，在政治上也占有显著地位。春秋晚期，贤臣子产执政，他团结贵族大臣，选贤举能，改革土地赋税制度，加强军备，公布成文法典，整顿内政，同时注意各国形势变化，利用各种机会维护本国权益，受到晋、楚诸国的尊重。进入战国后，郑国内有君臣的权力角逐，外受韩国的不断蚕食，力量日益削弱，到郑康公二十一年（前375年），被韩吞灭。

■文苑荟萃

伯　爵

中国古代爵位名。传说自尧、舜始置，周朝已有明确记载设置，战国、秦、汉废伯爵封号，魏、晋、南朝有伯爵封号，北朝曾废伯爵封号，后又复之。隋文帝置伯爵封号，隋炀帝废之。自唐朝至清朝皆有之。中华民国成立后，废除了一切世爵制度，伯爵封号也随之终止。

田穰苴治军执法如山

> 田穰苴（生卒年不详），继姜尚之后一位承上启下的著名军事家，曾率齐军击退晋、燕入侵之军，因功被封为大司马，世称司马穰苴。后因齐景公听信谗言，田穰苴被罢黜，未几抑郁而死。由于年代久远，其事迹流传不多，但其军事思想却影响巨大，司马迁赞曰："闳廓深远，虽三代征伐，未能竟其义。"

春秋时期，齐国有个大夫叫田穰苴。当时，晋国攻击齐国的阿邑、鄄邑，燕国又侵占齐国的河上地方，齐军屡战屡败，溃不成军。为此，齐景公整天寝食不安，愁眉不展。田穰苴当初不过是个普通人，但他的好朋友晏婴是齐国大臣。

一天，田、晏二人正在屋里下棋，有人禀报说："齐王召晏丞相立即进宫，有要事相议。"晏婴便放下手里的棋子，匆忙进宫去了。原来，齐景公正为齐军败阵、边关吃紧而犯愁。看见晏婴，便忧心忡忡地说："晋国和燕国不断蚕食我国，本应回击他们，但是眼下齐军没有一个好统帅，真是心有余而力不足呀！"

晏婴沉思了片刻，向景公说："我有一个好朋友叫田穰苴，此人文能安抚人心，武能克敌制胜，而且精通兵法，您不妨让他担当此任。"

景公马上召田穰苴进宫，跟他谈论边防和军事，结果发现此人文武全才，便提出让他担任大将军，率兵抗击侵略。田穰苴对景公说："我地位低下，君王把我从平民破格提拔到三军主帅，恐怕军内官兵不会

服气，百姓对我也缺乏信任。资历浅薄而权威不足的人是无法统率大军的，希望能派一位君王的宠臣、官兵所尊敬的人来担任监军。"齐景公笑着说："这个你放心，我将派大将军庄贾做你的监军，有他辅佐你，不会有人不听你的号令。"于是，田穰苴便接受了这个职务。

接着，齐景公又传庄贾进宫，向他介绍了新的三军主帅。庄贾看了看站在一旁的田穰苴，毫不在乎地说："既然晏丞相保举田穰苴来统率齐军，说明他有统兵的才能，何必还要监军呢？"景公解释说："你德高望重，久经沙场，而田穰苴是初次指挥这么大的战事，在齐军中还没有树立起威信，由你来做他的监军，将士们必然会听从号令的。"听了景公的话，庄贾得意地笑了起来，说："既然这样，那我只好奉命前往了。"当下二人商定，次日中午在营门会合。

回到家里，田穰苴告别了母亲和妻子，立刻去了军营。他下令全军：明日正午，准时出发！并特意让人在营门之外装了一个测影日晷，又安放了一座滴漏，以此来检查将领们是否遵守军令。

可是庄贾根本没把这事放在心上，回到家就与来送行的亲戚朋友喝起酒来。到了约定的时间，庄贾没到军营，田穰苴下令撤去日晷，放掉滴漏中的水，全军列队，开始检阅。宣布完军纪，检阅完将士，已是太阳偏西，这才见庄贾带着几个侍从姗姗而来。田穰苴压着怒火问道："为什么迟到？"庄贾一脸酒气说："我不才，有劳大夫和亲戚们送行，所以耽搁了。"田穰苴说："将军接受命令，就应忘掉家庭；面对军纪法规，就应忘掉父母；击鼓进军与敌作战，就应忘掉自己的身体。如今敌国入侵，国内不安，君王焦虑，士兵艰辛，国人的性命都在你的手中，为什么还要怠慢！"田穰苴招来军正问道："按照军法，违约迟到者怎么办？"回答说："应当斩首！"庄贾害怕了，派人飞报景公求救。但还没等信使回来，田穰苴就斩了庄贾，三军将士无不震惊。

过了一会儿，信使拿着景公的符节来赦免庄贾，骑马奔进军营。田穰苴说："将领在军中，对君王的有些命令是可以不接受的。"又问军正道："在军营中骑马奔跑，军法怎么说？"军正说："应当斩首。"使者惊慌失措，田穰苴说："国君的使节，不可杀他。"于是斩了使者的仆人，砍了车子左边的车辕，宰了左边那匹驾车的马，以此来号令三军。随后让使者回去报告，田穰苴则率领齐军开拔。

由于田穰苴军纪严明指挥有方，齐军军威大振，连战告捷，很快收复了失地。

■心灵物语

执法如山，一视同仁，这样才能严明军纪、令行禁止，战无不胜。

■史海钩沉

田氏代齐

田氏代齐是指战国初年齐国卿大夫田氏家族取代吕氏成为齐侯的事件。公元前386年，周安王正式册封田和为齐侯。公元前379年，齐康公吕贷死，吕氏绝祀，姜姓齐国完全为田氏齐国取代。"二十六年，康公卒，吕氏遂绝其祀。田氏卒有齐国，为齐威王，强于天下。"——《史记·齐太公世家》

■文苑荟萃

《道德经》

《道德经》又称《道德真经》《老子》《五千言》《老子五千文》，是中国古代先秦诸子分家前的一部著作，在当时为诸子所共仰，传说是春秋时期的老子李耳（似是作者、注释者、传抄者的集合体）所撰写，是道家哲学思想的重要来源。《道德经》分上下两篇，原文上篇《德经》、下篇《道经》，不分章，后改为《道经》在前，《德经》在后，并分为81章。《道德经》是中国历史上首部完整的哲学著作。

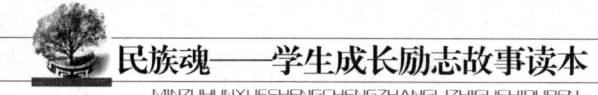
刘邦"约法三章"正世风

刘邦（前256—前195），字季，汉朝（西汉）开国皇帝，庙号为太祖（但自司马迁时就称其为高祖，后世多习用之），谥号为高皇帝（谥法无"高"，以为功最高而为汉之太祖，故特起名焉），所以史称太祖高皇帝、汉高祖或汉高帝。出身平民。他成为皇帝之前又称沛公、汉中王。

秦朝末年，当过亭长的刘邦起兵沛县（今江苏沛县），参加了农民起义大军。陈胜、吴广等主要起义军的领袖相继牺牲以后，他和项羽领导的军队成了反秦的主力。

公元前206年，刘邦乘项羽在巨鹿大胜秦军之时，领兵攻进峣关（今陕西商洛），进抵灞上（今西安市东）。这时秦二世已死，他的侄儿子婴率满朝文武俯首投降，把刘邦迎进了咸阳。

咸阳（今咸阳市东北）是秦王朝的都城。这里人稠物丰，繁华富庶。尤其是秦始皇修的阿房宫，规模宏大，富丽堂皇，美人、钟鼓、珍宝、古玩应有尽有。刘邦军队的将士长期生活在穷苦闭塞的农村，一到咸阳这个花花世界便觉得样样新奇。他们以胜利者自居，在街面上和阿房宫里乱抢乱拿奇珍异宝和衣物用品，有的人还酗酒闹事，打人杀人，闹得咸阳城内的人十分惊恐，东躲西藏。

面对这种混乱的局面，刘邦的部将樊哙提出应该约束部下。谋臣张良支持樊哙的建议，他说："要得天下先要得民心，绝不能再让将士

们这样胡闹下去了。要快点公布法令，让大家依法行事，把社会治安搞好。"

刘邦听从了张良和樊哙的建议，就派人把秦朝的府库官仓全部封存起来，制定了三条法令，把部队撤回灞上军营进行整顿。与此同时，刘邦还把咸阳和关中各县老百姓的代表召集起来，对他们说："过去秦朝的严刑苛法使你们动辄得咎，吃够了苦头。现在为了使大家能安心做事，我只制定三条法律。这就是：第一，杀人罪判处死刑；第二，伤人者按情节轻重治罪；第三，偷盗者也按情节轻重治罪。其他秦朝苛法一概废除，你们不必再提心吊胆过日子了。"接着，刘邦命人广泛宣传，使三条法令家喻户晓。

这三条法令就是中国历史上有名的"约法三章"。关中百姓知道了刘邦的"约法三章"，又看到刘邦的军队撤到灞上后纪律严明，从心里感到高兴。于是，大家争着拿出酒肉、粮食和衣物到灞上慰劳他们。这时，刘邦告诉他的将士，要好言好语地劝说老百姓把东西都拿回去，今后军中所需的一切物品都由府库供应，绝不准随便拿老百姓的东西。

从此，刘邦和他的军队严格地按"约法三章"办事，保持了咸阳和关中地区的稳定和繁荣，在老百姓心中留下了很好的印象。几年以后，他就打败了项羽，当了汉朝的开国皇帝。

▇心灵物语

无法纪不足以成事业。法令是一个国家、一个军队应有准则。刘邦制定的"约法三章"对其能开创汉朝基业，起到了不可估量的作用。

▇史海钩沉

武昭宣盛世

西汉时期并存着多个政权，其中有一个代表中国主权的政权叫"汉"。公元前141年3月9日至公元前48年1月10日，"汉"政权的三个国家元

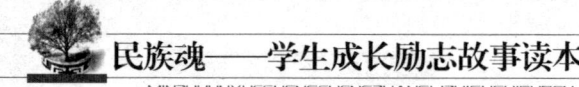

首刘彻、刘弗陵、刘询在任时，"汉"政权的经济最繁荣，政治最稳固，文化最昌盛，科技最发达，疆域最辽阔，综合国力世界第一，史称"武昭宣盛世。"

史学上很多人认为：这段历史的主要贡献人是汉武帝刘彻、汉昭帝刘弗陵、汉宣帝刘询和霍光君臣。

■文苑荟萃

东汉牛耕

牛耕技术的使用，是人类社会进入一定文明时期的一个标志。我国牛耕技术的使用始于春秋战国时期。春秋战国之交，中国进入了铁器时代，铁器农具的出现及牛耕技术的使用，极大地节省了社会劳动力，扩大了生产规模，促进了社会生产力的发展，进而推动了当时社会制度的变革，促使奴隶制社会向封建制社会转变。近代考古发现，春秋晚期的古墓葬中已出现铁犁等多种铁器。

汉代的甘肃河西地区，使用牛耕技术已较为普遍。开始是单辕犁（驾二牛），后来又有双辕犁（驾一牛）。东汉时，楼播技术传入河西，河西进而成为"富甲天下"的地方。嘉峪关市境内发现的魏晋时期古墓葬中，出土有多块（幅）《牛耕》画像砖，佐证了当时河西地区使用牛耕技术已很普遍。除了一牛挽犁和二牛挽犁之外，耕种后的覆土填埋及平田碎土均用畜力完成。这就是牛拉的"耙"，又称"耢"。"耙"一面有齿，可碎土，翻面即可耢地，埋压种子，使田地平整。至今，当地农村仍在使用。

张释之秉公执法拒帝旨

张释之（生卒年不详），中国西汉法学家，法官。字季，堵阳（今河南方城县东）人。汉文帝元年（公元前179年），以赀选为骑郎，历任谒者仆射、公车令、中大夫、中郎将等职。文帝三年升任廷尉，成为协助皇帝处理司法事务的最高审判官。时人称赞"张释之为廷尉，天下无冤民"。景帝立，出任淮南相。张释之对文景之治有重要贡献。

汉代出了一个拒行帝旨、秉公执法的司法官叫张释之，是河南南阳人。

有一次，皇太子刘启和梁王刘揖兄弟二人乘车进宫。按当时的规定，凡进宫者，无论文臣武将、王公贵族，在司马门前都要下车下马，违反规定，必须治罪。可是，刘启和刘揖倚仗自己是皇室子弟，根本不把国家法令放在眼里，来到司马门前，不但不下车，而且策马扬鞭，长驱直入。碰巧，张释之也进宫，远远看见一辆车子闯门而入，便问守备的军士："刚才是什么人，如此目无法纪，直闯司马门？"卫士惊慌地回答说："是皇太子和梁王，我们也没法管呀！"张释之一听，非常气愤，二话没说就追了上去，冲到太子的车前面，张开双臂拦住了正在行走的车辆。

太子刘启和梁王刘揖见竟有人胆大包天，敢拦自己的车，便破口大骂，傲慢地训斥张释之。张释之毫不示弱，义正词严地质问他们："国家法令规定，出入司马门者，必须下车，你们为什么不下车呢？难道法令对你们无用吗？"一席话，问得太子和梁王张口结舌，无言以对，只好下车步行。

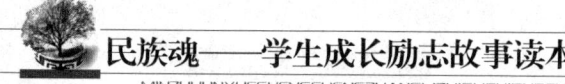
　　事后，张释之还写了一封奏章，请求汉文帝惩罚太子和梁王的违法行为。为此，汉文帝的母亲薄太后怪罪汉文帝，文帝脱帽谢罪说："这件事是我教子不严所致。"并严肃教训了太子刘启和梁王刘揖。从此，文帝很看重张释之，把他提升为廷尉。没想到，张释之任廷尉后，做了一件令汉文帝也瞠目结舌的事。

　　有一天，风和日丽，汉文帝兴致勃勃地去渭阳城游玩。他率领着文武百官、妃嫔宫女，浩浩荡荡、车水马龙地离开了未央宫，出了京城，缓缓向北而行。由于人多车多，队伍拉得很长，汉文帝在前呼后拥之中，威风凛凛地高坐在御车上，随意眺望，悠然自得。按照汉朝的法令，皇帝出行，老百姓是要回避的。要是撞上了皇帝的车队，必受重罚。文帝的御车刚上渭桥，突然有个人从桥下跑出来，正巧冲撞了文帝御车的骖马。马惊了，顿时狂奔起来，不但冲乱了井然有序的出游队伍，还差点儿把汉文帝从车上摔下来，吓得他大叫一声，出了一身冷汗。幸亏旁边的护卫多，死死地拉住了御马，避免了一场事故。那个吓惊御马的人知道自己惹了大祸，想从路边的田间小道溜之大吉，可是凶悍的侍卫一拥而上，把他按倒在地，绑了起来。文帝虚惊一场，龙颜大怒，命令廷尉张释之对此人严加惩处。

　　张释之一审问，才知道原来是个初来长安的乡下人。他刚走到渭桥上，就听到吆喝开道的声音。听说是皇上的马队过来了，所有的人都得回避，惊慌得不知如何是好，忙乱中跑到桥下躲了起来。过了一会儿，大队人马上桥了，他在桥下屏息了好一阵，以为皇上的马队过去了，就从桥下跑了出来。他哪里想到，这个庞大的出游队伍才走了一半，此刻正赶上文帝的御车上桥。乡下人惊了，正好跑到了队伍中间，撞上了皇上的马车，没办法的情况下，只好逃向田野。张释之想，乡下人完全是无意的，只判他交了一些罚金便放了他。

　　汉文帝原以为张释之会把那人斩首示众，事后听说已将人放走，只交了些罚金，心里很不痛快。他责问道："那人惊了我的马，险些害我摔下车去，你竟然只把那恶棍判了罚金，这合适吗？"张释之回答说："那人不是恶棍，不过是一个初次上京的乡下人。他遇到皇上您的车驾已是心惊肉跳了，完全是无意的，怎么能重罚他呢？如果我因为您是皇上，就重罚这个无意的乡下人，各级司法官员都会来效法，那么全国要冤枉多少人啊。"汉文帝听张释之这番有理有据的陈词，便转怒为喜，点头称赞说："廷尉，你做得对！"

国家的法律对任何人都是一样的，不能因为地位高下而有所改变。只有秉公执法，才能赢得天下人的信任。

□心灵物语

国家的法律对任何人都是一样的，不能因为人地位的高低而有所改变。只有秉公执法，才能赢得天下人的信任。

□史海钩沉

文景之治

汉文帝和汉景帝统治时期，重视"以德化民"，当时社会比较安定，百姓也渐渐富裕起来。到景帝后期时，国家的粮仓都装满了，新谷子压着陈谷子，一直堆到仓外；府库里的大量铜钱，多年不用了，穿钱的绳子烂了，散钱多得无法计算。历史上称这一时期为"文景之治"。

□文苑荟萃

黄老之术

黄老之术是战国时期的哲学、政治思想流派，尊传说中的黄帝和老子为创始人，故名黄老之术。黄老之术始于战国盛于西汉，假托黄帝和老子的思想，实为道家和法家思想的结合，并兼采阴阳、儒、墨等诸家观点而成。在社会政治领域，黄老之术强调"道生法"，主张"是非有，以法断之，虚静谨听，以法为符"。认为君主应"无为而治""省苛事，薄赋敛，毋夺民时""公正无私""恭俭朴素""贵柔守雌"，通过"无为"而达到"有为"。上述主张在汉初产生了一定的影响，由此出现了"文景之治"的盛世。东汉时，黄老之术与谶纬之说相结合，演变为自然长生之道，对道教的形成产生了深远的影响。

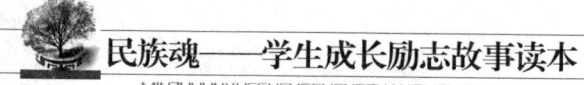

尹翁归严法制杀一儆百

> 尹翁归（？—前62年），字子兄（音况），河东平阳（今山西临汾）人。西汉时期一位干练而又廉洁的官吏。

尹翁归幼年丧父，依靠叔父过活。成年后他当了一名小狱吏，通晓文法，又练得一手好剑术。当时大将军霍光掌握朝政，很多霍家人住在平阳，他们的奴客仗势妄为，经常携带兵器在街上捣乱，官吏们对他们无可奈何。后来尹翁归当了市吏，治下严明，吓得这些不法之徒都老老实实，不敢轻举妄动。尹翁归为官清廉公正，谁送的礼都不收，那些市井无赖之徒都很怕他。

田延年任河东太守时，有一次巡行各县，到平阳后，要面见县中文武官吏。他让文吏站在东面，武吏站在西面。五六十个官吏都起身就位，唯独尹翁归仍然跪着不起，说："翁归文武皆备，愿听驱使。"田延年左右的从吏认为尹翁归过于傲慢，可是田延年却不以为然，叫尹翁归起来，提出问题让他回答。尹翁归对答如流，田延年暗暗称奇，当即任命他为卒史，带回府舍。后来见他处理事情精明强干，诛除豪强有胆略，对他更加敬重，甚至觉得自己的才能不及尹翁归，便提升尹翁归担任督邮职务。当时河东郡二十八县分为汾北、汾南两部分，尹翁归督察汾南。他执法无私，对属县中一些犯了法的官吏严加惩处。那些受到惩处的官吏自知是罪有应得，也没有怨言。田延年被选入朝中担任大司农后，尹翁归随之提升为都内令和弘农都尉。不久又征拜为东海太守。

出守东海前，尹翁归知道廷尉于定国是东海人，便去向于定国辞行，顺便了解些东海民风。正巧于定国有两个老乡的孩子，想托尹翁归带去，给安排个差事。他让两个孩子坐在后堂等着拜见尹翁归。可是，他和尹翁归交谈了一整天，也没敢提起此事。送走尹翁归后，他对两个孩子说："尹翁归是当今贤吏，为人刚正，廉洁奉公，不便以私相托。而且你们两个人也不能任事，我就更不好启齿相求了。"

尹翁归到东海上任后，首先细心查访民间诉讼，把官吏和百姓中的好人坏人，以及各种违法事情都了解得清清楚楚，分县做了记载。然后亲自决断，一个县一个县地把犯罪的人都抓捕起来，根据罪的轻重依法论处，该判死罪的坚决处死，以求杀一儆百，改善社会风气。东海郯县有个大土豪叫许仲孙，目无法纪，称霸一隅，附近的老百姓吃尽了苦头，历任太守对他都无可奈何。尹翁归到任后，毫不犹豫地将他判处了死刑。这一举动对全郡震动极大。从此，东海一带法治严明，秩序井然。

汉宣帝选用良吏，入朝治事，看到尹翁归政绩卓著，便提拔他担任右扶风。尹翁归到职后，选拔重用了一些清廉正直的官吏。同时，采用在东海时的办法，分县设立各种罪犯的名籍。一有盗窃案件，他就把那里的县官叫来，将主犯的名字告诉他，让他用类推法去追查罪犯的行踪。追查结果，往往正合尹翁归的推断。尹翁归把惩处不法豪强视作当务之急。豪强一旦治罪，即交给掌管畜牧的官，令其给牲畜割草，规定了时间和数量，不准别人代替，完不成定额就加重惩处。有的豪强受不了苦，自杀了。他就是这样以严酷的刑罚威震京师，使扶风很快出现了大治的局面。由于他治盗有方，故被称为三辅中的第一贤能。

尹翁归于公元前62年（元康四年）病卒。他生前为官清廉，死后家无余财。汉宣帝对他的早逝深表痛惜，制诏赏赐其子黄金百斤，以奉其祠祭。尹翁归的三个儿子后来也都当了郡守。

▢ 心灵物语

杀一儆百，乱世需重典。尹翁归体恤民情、严明法治的行为是值得赞扬和肯定的。

■史海钩沉

西汉王朝同周边各族的联系

西汉时期，中国各民族之间出现了比以前更为密切的政治、经济、文化交流，也发生过一些战争。汉朝（主要是在汉武帝时期）对各族的战争，有的属于防御性质，起到了维护安全、保障生产的作用；有的则是对少数民族的侵犯，造成了破坏。但是总的看来，各民族之间的联系加强了，许多民族地区正式归入中国的版图，汉族的经济和文化也以各种不同的方式影响着周围各民族，有些民族还走上了封建化的道路。西汉经济的繁荣和国家的统一，正是各族人民共同进步的结果。

■文苑荟萃

断袖之癖

西汉建平二年，一天，汉哀帝下朝回宫，看到殿前站着一个人，正在传漏报时。哀帝随口问："那不是舍人董贤吗？"那人忙叩头道："正是小臣董贤。"董贤是御史董恭的儿子，在汉哀帝刘欣还是太子时曾当过太子舍人。

就是这一瞥，哀帝忽然发现，几年不见，董贤越长越俊俏了，比六宫粉黛还要漂亮。他不禁大为喜爱，命他随身侍从。从此对他日益宠爱，同车而乘，同榻而眠。

董贤不仅长得像美女，言谈举止也像女人，"性柔和""善为媚"。哀帝对董贤的爱之深，可用一个例子来说明。一次午睡，董贤枕着哀帝的袖子睡着了。哀帝想起身，却又不忍惊醒董贤，随手拔剑割断了衣袖。

后人将同性恋称为"断袖之癖"，便是源出于此。

崔隐甫执法不怕犯颜

李隆基（685—762年），大唐皇帝（712—756年在位），睿宗李旦第三个儿子，庙号"玄宗"，又因其谥号为"至道大圣大明孝皇帝"，故亦称为唐明皇。另有尊号"开元圣文神武皇帝"。玄宗在位年间，是大唐由盛变衰的关键时期。

唐玄宗天宝年间，吹笛艺人胡雏聪明伶俐，技艺超群。他吹出的笛声清新悦耳，让人流连忘返，因而深受唐玄宗的赏识与宠爱。

不料，时间一长，胡雏竟恃宠而骄，胡作非为，触犯法律，犯了死罪。

洛阳令崔隐甫接到报案，决定将胡雏依法逮捕归案。胡雏吓得连滚带爬逃进皇宫，苦苦哀求唐玄宗救他一命。

唐玄宗醉心音乐，十分爱惜有音乐天赋的人才。他见胡雏楚楚可怜，便想网开一面。于是，唐玄宗找了个借口把崔隐甫召进宫中，让胡雏站在自己的身边，闲聊了几句后，指着胡雏对崔隐甫说："朕向崔爱卿讨要这个人，未知爱卿是否肯给？爱卿能赦免他吗？"

崔隐甫见唐玄宗有意袒护胡雏，企图使他逃脱法律的制裁，顿时义愤填膺，毅然摘下官帽放在地上，启奏道："陛下这样说，简直是轻视大臣而看中艺人啊。既然如此，微臣只得辞职不干了！"

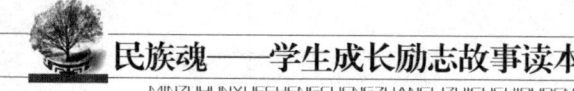
唐玄宗见崔隐甫刚直不阿，忙赔笑道："朕只是与爱卿开个玩笑嘛，何必当真？"说罢，传令内侍将胡雏交给崔隐甫。崔隐甫刚一出去，马上就将胡雏杖杀。

看着胡雏远去的背影，唐玄宗还是觉得他是难得的音乐天才，死了太可惜了。于是，他下诏免其死罪。可惜，他的诏书晚了一步，胡雏已经伏法了。

唐玄宗只得以国家大局为重，维护大臣的权威，赐给崔隐甫细绢一百匹以资鼓励，嘉奖他的执法精神。

▊心灵物语

崔隐甫不怕冒犯皇帝，秉公执法，维护了法律的公正和尊严。

▊史海钩沉

唐玄宗开边

为了重新统一北方，唐玄宗采取了很多措施，为收复北方领土做准备。主要表现在对于兵制的改革上。原来的府兵制被均田制破坏，致使农民逃亡，影响了军队的兵源。高宗和武则天时期，对于军事不太重视，到唐玄宗做皇帝时，士兵逃跑现象极为严重，军队战斗力也很低，无法和强悍的突厥军队抗衡。

公元723年，即开元十一年，唐玄宗接受了宰相张说的改革主张，建立雇佣兵，从关内招募军士12万人充当卫士，这就是"长从宿卫"，也叫做"长征健儿"。这次改革是从府兵制到雇佣兵制的转变。此后经过十多年的努力，玄宗将这种制度推广到了全国。这种制度取消了原来的府兵轮番到边境守卫的做法，解除了各地人到边境守卫之苦。同时，这种雇佣兵还为集中训练、提高战斗力提供了保证。

□ 文苑荟萃

都护府

　　"都护"一词为汉语。"都"为全部，"护"为带兵监护，"都护"即为"总监护"之意。

　　"都护府"源自西汉宣帝神爵二年（公元前60年）设在乌垒的西域都护府，统领大宛及其以东诸国，兼督察乌孙、康居等游牧国。魏、西晋设有西域长史府，唐朝统一西域并设立安西、北庭（金山）、昆陵、蒙池等都护府，疆域不仅包括今新疆在内的西域，更达里海之滨。都护府置都护、副都护、长史、司马等职，"掌统诸蕃，抚慰征讨，叙功罚过"。又置录事参军事、录事、诸曹参军事、参军事等，如州府之职。有大、上、中之分，由亲王遥领大都护，别置副大都护主府事。自贞观十四年（640年）创设安西都护府起，终唐一代，建置时有改易。

戴胄执法不畏龙颜

戴胄（573—633年），字玄胤，相州安阳人。品性坚贞正派，为人精明强直，善于理顺各类文书簿册。

唐朝立国以后，制定了《唐律》，共500条。它与前朝的《隋律》比较，减斩刑92条，减流刑71条。其余删繁除细，改重就轻，宽容了许多，因而深得民心。

既然有了《唐律》作为依据，大理寺少卿戴胄审案判刑的时候就照着执行。即便是皇帝讲过的话，如果与《唐律》不符，他也顶着不办。

有一次，唐太宗发布了一道命令：

"在科举考试中，凡是伪造出身和资历的人，要立即向政府坦白自首，否则一经查出，就判处死刑。"

过时，吏部查出有个已经金榜题名的举人，出身和资历都是伪造的。唐太宗知道这件事后十分震怒，立即下令革去这名举人的功名和官职，抓起来交由大理寺处理。

大理寺少卿戴胄在审问这个案子的时候，查明了犯罪的情由和事实。他没有根据唐太宗的命令把那个举子判处死刑，而是根据《唐律》的有关条款，判了个流刑（即流放边远之地）。

唐太宗闻知此事后大为不满。他差人把戴胄叫进宫来，很生气地质问："我在命令中已经明确宣布，对伪造出身、资历又不肯坦白自首的人要判处死刑，你怎么自作主张，只给他判了个流刑呢？你难道不知道我的命令吗？"

戴胄回答说："圣上下的命令我怎么会不知道呢？不过我作为执掌刑法的官员，审案判刑都必须根据《唐律》办事，不然就会出现执法不公、量刑不当的现象，那就是我的失职了。"

"你只怕自己承担'失职'的责任，怎么就不怕我在全国百姓面前失去信用？国家大事我说了算，你一定要改判，一定要按我的命令办事。"唐太宗气势汹汹地说。

岂知戴胄也寸步不让，他大声回答："《唐律》是国家参照前朝法典，根据本朝实际，集中众人智慧，反复研究推敲制定出来，又经过皇上批准才颁布实施的。它是国家的根本大法。皇上的命令，有的往往是凭着一时的喜怒发布的。我认为皇上个人的信用固然重要，但国家的法律、国家的信用更加重要。这是大信用和小信用的问题。现在我为了维护国家法律的大信用，只好违背皇上的命令，让皇上失信了。"

唐太宗也是个英明之主，他听了戴胄的答辩之词，觉得句句在理，于是感叹地说："我虽然是一国之主，但在处理这件事情上没有你想得深，看得远。国家法律的大信用一定要维护，这件事就按照你的判决处理吧。很感谢你帮助我纠正了这个错误。大唐有了你这样敢于秉公执法的大臣，一定会兴旺的。"

心灵物语

法律有它的相对稳定性，制定法律的人不能朝令夕改。戴胄为了维护国家法律，不畏龙颜大怒，秉公执法，这在封建社会是难能可贵的。就是今天，也有不同寻常的借鉴意义。

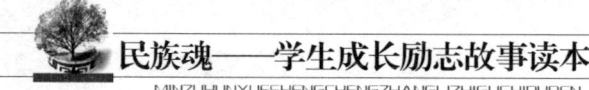
■史海钩沉

唐　律

　　唐律是唐代法律的总称。主要是《永徽律》，还包括《武德律》《贞观律》等法典。

　　《武德律》是唐高祖时以《开皇律》为蓝本所制订的法典，共12篇500条，内容与《开皇律》基本相同，于武德七年（624年）颁行。《贞观律》是唐太宗命房玄龄、裴弘献等人根据《武德律》编撰的法典，共12篇500条，于贞观十一年（637年）颁行。《永徽律》是唐高宗命长孙无忌等人根据《武德律》和《贞观律》编撰的法典，共20篇，502条，篇名依次为名例、卫禁、职制、户婚、厩库、擅兴、贼盗、斗讼、诈伪、杂、捕亡、断狱等，于永徽二年（651年）颁行。《永徽律》以保护封建土地所有制，维护封建宗法制度，加强皇帝的权力，统治和镇压农民为主要内容，是中国现存最完备的一部封建法典，全文保存在《唐律疏议》中。

■文苑荟萃

唐朝边塞诗派的形成

　　唐朝是中国历史上最为意气风发的时代，这个"大有胡气"的朝代中，边疆战争之频繁，在中国古代史上罕见。所以只有唐朝才能诞生专门的边塞诗派，诞生像"年年战骨埋荒外"这样的诗句。而至于"汉家旌帜满阴山，不遣胡儿匹马还，愿得此身长报国，何须生入玉门关？""大漠风尘日色昏，红旗半卷出辕门。前军夜战洮河北，已报生擒吐谷浑""青海长云暗雪山，孤城遥望玉门关。黄沙百战穿金甲，不破楼兰终不还""葡萄美酒夜光杯，欲饮琵琶马上催。醉卧沙场君莫笑，古来征战几人回？"这些豪言壮语，由于后世朝代偃武修文的风气，甚至成了古代史上中国人尚武精神的绝响。

刘正出污不染

> 阿合马（？—1282年），回族，元朝开国皇帝元世祖时期的理财能手。在元朝前期，阿合马是一个相当重要的人物。从孛儿只斤窝阔台大汗时期开始，大蒙古国的经济主要就是依靠"色目人"来经营的。阿合马就是其中的一个代表人物。

元世祖至元年间（1264—1294年），奸臣阿合马、桑哥等相继执政，负责理财。刘正曾在阿合马负责的制国用使司任令史，后又在阿合马手下任尚书户部令史、左司员外郎以及左右司员外郎等职。

至元十八年（1281年），阿合马败，刘正受牵连被逮捕，元世祖曾召见责问道："汝等皆党于阿合马，能无罪乎？"

刘正理直气壮地回答说："臣未尝阿附，唯法是从耳。"几天之后，阿合马的党羽都被处治了，刘正再次被送到拱卫司，右丞相火鲁霍孙说："上尝谓刘正衣白衣行炭穴十年，可谓廉洁者。"于是刘正被无罪释放了。

事实上，刘正的确是唯法是从，并未卖身投靠阿合马一党。比如，至元八年（1271年），朝廷下令罢诸路转运司，立局考核逋欠，让刘正负责清查工作。

当时，大都转运司亏欠课钱547锭，逮捕关押了倪运使等4人进行

追查。刘正发现其中有冤情，认真查阅了历年的吏牍，发现至元五年有个叫李介甫的人曾填写了7张关领课银的文契，其数目正与运司所欠相合。再一检查字迹，发现都是司库辛德柔所填写的。经调查了解，辛德柔原来生活贫困，这时已经富贵，"交结权贵，莫敢谁何"。

刘正认真查证核实，案情终于落实了，这才上报尚书省拘捕了辛德柔，追回了全部课银。刘正认真执法，使"交结权贵"的辛德柔受到了应得的惩处，倪运使等四人的冤屈得以昭雪，刘正也因处理此案而朝野闻名。

至元十五年（1278年），刘正被提升为尚书省左司都事。阿合马为了报私怨，诬陷江淮行省阿里伯、崔斌等盗窃官粮40万，命刑部尚书李子忠与刘正一起去处理这件事。刘正故意拖延，不积极办理，因此"狱弗具"，案情无法落实。阿合马于是另派四位亲信前去处理，阿里伯、崔斌等竟被处死了。

刘正为了表示对此事的不满，"乃移疾还家"。

■心灵物语

人们常说"近朱者赤，近墨者黑"。又说"常在江边站，焉得不湿鞋"。刘正先后在元初巨奸阿合马、桑哥手下担任要职，不仅没有与他们同流合污，反而能在关键问题上与他们进行斗争。"衣白衣行炭穴十年"而白衣不染，其正直廉洁是很难做到的。

■史海钩沉

忽必烈占缅甸与柬埔寨

1277年，蒙古人在缅甸夺取了八莫，通往伊洛瓦底江流域的道路向蒙古人敞开了（马可·波罗生动地描述了这次战役，在战争中，蒙古国的弓箭手们更好地利用了缅甸战象）。1283—1284年，他们再次入侵缅甸，缅甸统治者蒲甘王那罗梯河波帝（1254—1287年在位）弃都而逃。然而，直到1287年，在第三次战争期间，蒙古人才南下到伊洛瓦底江流域，直抵缅甸都城蒲甘。1297年，蒲甘新王乔苴为避免灾难承认自己是蒙古人的属臣。1300年，缅甸为蒲甘王位的继承发生争吵，为恢复秩序，蒙古人再一次干涉缅甸事务。

蒙古人在今东南亚的影响一直到达柬埔寨。1296年，忽必烈的继承者铁穆耳帝派使团到柬埔寨，使团成员中有周达观，他留下了关于这次旅行的一部游记。

■文苑荟萃

落梅风

（元）阿鲁威

千年调，一旦空，
惟有纸钱灰晚风送。
尽蜀鹃啼血烟树中，
唤不回一场春梦。

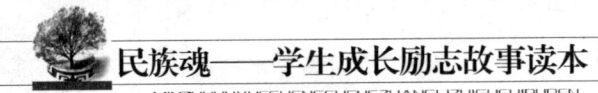

盛安守法抗君王

盛安（？—1759年），满洲镶黄旗人，姓那拉氏。自康熙二十六年（1687年）袭祖爵踏入仕途后，步步荣升。到乾隆十三年（1748年），正值孝贤皇后丧葬风波高潮迭起之际，谙熟刑法的盛安第二次出任刑部尚书。

　　乾隆十三年（1748年）三月十一日，从济南到德州的路上，皇帝东巡的仪仗、扈从匆匆北上，凤舆中的皇后富察氏病得奄奄一息。到了德州渡口，皇后被抬上运河御舟中，于深夜亥刻晏驾。丧妻之后，过度的悲恸造成乾隆做出了一系列错误决定，使得乾隆初年原本相对平静的政治生活，又掀起很大波澜，一批大官僚相继贬责黜革甚至赐死，犹如火山喷发，大地震颤，使皇族和官僚们措手不及。百日丧满后，风潮还在发展，这就是查究丧期内擅自剃发的案件。

　　就在乾隆发威、风云变色之际，有一位司法官员挺身而出，要求从宽处置，以至于险遭杀头，他就是刑部尚书盛安。

　　清朝旧习，帝后之丧时，为表示哀思，官员在百日内不得剃发。但山东沂州营都司姜兴汉、奉天锦州府知府金文淳在百日丧期剃头。乾隆大发雷霆，声言丧期内剃头有违"祖制"立即处斩，就如同进关时，令汉人剃发，不剃发者无不处斩一样。其实，所谓"祖制"仅是暧昧不明的习惯而已。律例会典中并无明文记载，汉官甚至满人对此也不甚清楚。十多年前，雍正皇帝去世时，许多官员就没有遵照习惯，丧期内剃了发，朝廷并没有追究。这次乾隆出于对意笃情深结发之妻的哀思，却要严加追究。盛安刚接任刑部尚书，就碰到将金文淳等立即斩首的狱案。

他借乾隆召见之机，极力陈请应从宽处置此案。他说，虽然我在都察院担任左都御史时已经"于勾决本画题"，表示同意将金文淳等斩立决的处置。但接任刑部尚书后，经过仔细斟酌，觉得如此量刑过重，"似应拟斩监候"，也就是判处死刑但缓期执行。

乾隆帝闻奏大怒，当场训饬他何以如此出尔反尔，指令他与刑部官员按定例拟定即可，不要有所反复，并且许诺说只要你们刑部按斩立决奏报上来，"朕自加恩"予以改判斩监候。深悉乾隆此时心态的盛安知道，虽然皇帝口头应承得很好、实际上根本是推诿而已。只要刑部按例定拟，金文淳等也就毫无生机了。因此，盛安"唯称斩决过重，迟回观望，久而不奏"。刑部如此拖延，乾隆更为恼火，召来盛安诘问。

盛安仍然坚持己见，并且陈述"孝恭仁皇后大丧内，有佐领李斯琦剃头问拟斩候之案，今拟斩决，恐人疑其办理未协"。乾隆帝怒气勃发，当即下谕旨称："朕临御十三年，居心行政，海内共知，而盛安敢于肆行私意，曲法徇私，以为己德。其处心积虑，视朕为何如主耶？著革职挐交刑部，从重治罪，以为人臣目无君上，巧为沽名者戒！"刑部随即议定依照"大臣巧言谏免，暗邀人心律，拟斩立决"。

据传闻，当盛安被反绑起来押赴市曹，与金文淳同置于法时，他"施然长笑"，毫无懊悔沮丧之情，只是口中反复说着"臣负朝廷之恩而已"。后来，乾隆帝又下旨从宽发落，改判斩监候，命近臣驰骑连同金文淳等一起赦免时，盛安"施然叩谢如常"，当时市曹万目共睹，对盛安宠辱不惊的气度都赞不绝口，说："此真司寇也！"一位执法大臣竟因秉公执法而被判斩监候，虽是缓决，但对当事人来讲够倒霉的，更可悲的是法律的尊严在皇权面前，此时只能无力地呻吟。

十月，乾隆命盛安入上书房傅导诸皇子，说"念其一时冒昧，所谓愚而可悯者，其硁硁自守，犹可在书房效力。著于阿哥师傅处行走赎罪"。虽然因掩饰已过而未明赦盛安之罪，但其对盛安不畏帝威的刚正也不无褒赏。

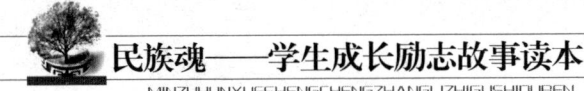

■心灵物语

盛安就是犯上还是要护法，这种刚正不屈、奉公守法的大无畏精神实在是值得我们敬佩和赞扬！

■史海钩沉

乾隆蠲免天下钱粮

御史赫泰曾上疏："国家经费，有备无患，今当无事之时，不应蠲免一年钱粮。"乾隆认为：百姓富足，君孰与不足？朝廷恩泽，不施及于百姓，那将施于何处！所以，乾隆断然下令蠲免全国钱粮。

据统计，乾隆十年（1745年）、三十五年（1770年）、四十三年（1778年）、五十五年（1790年）和嘉庆元年（1796年），先后五次蠲免全国一年的钱粮，三次免除江南漕粮（其中一次为400万石米），累计蠲免赋银2亿两白银，约相当于5年全国财赋的总收入。

蠲免全国钱粮，收到社会效益："诏下之日，万方忭舞。"这话虽有夸饰，但说明此举确实受到欢迎。乾隆蠲免全国钱粮，其次数之多，地域之广，数量之大，在封建王朝中，前无古人，后无来者。这也可以体现当时清政府财政状况较好。但是百姓生活远没到达小康，饥民、流民年年都有。乾隆晚年英国使者马嘎尔尼来华期间，记载北京街头乞丐很多，许多百姓甚至蓬头垢面，衣衫褴褛。

■文苑荟萃

杂　诗

（清）乾　隆

水至清无鱼，人至察无徒，无鱼非水德，无徒势云孤。
鱼岂离于水，潜渊转江湖，人岂离于世，适将他有图。
知一贵知二，通变乃达常，不逆复不亿，抑亦先觉良。
吹竽三百人，隐笑齐宣王。

第二篇
遵守法纪自觉自律

曹操割发以自罚

曹操（155—220年），字孟德，小名阿瞒，沛国谯（今安徽亳州）人，汉族。东汉末年杰出的政治家、军事家、文学家、诗人。庙号太祖。

东汉末年，曹操把汉献帝迎到许昌，自己当了总理军国大事的丞相。他为了消灭拥兵自重的各路军阀，把混乱的中国统一起来，常常亲自领兵东征西讨。

建安三年（198年）夏四月，曹操又亲率大军出征。他在路上看见已经成熟的小麦长势很好，田野里到处是金灿灿的一片，心里十分高兴。但是他又看到，因为兵连祸结，老百姓逃难在外，麦田里很少有割麦的人。

为了保护已经成熟的小麦，曹操传令全军："现在小麦已经到了收割季节，全军将士无论是谁都不许践踏麦田，损坏庄稼。违令者一律处以死刑。"同时，他又派人遍告沿途父老，请大家不要惊疑，要抓紧时间把小麦收割回去。众百姓听了无不欢喜称颂。

此后，大家在行军中每逢遇到麦田，都跳下马来以手扶麦。有的人甚至笼住马头，小心翼翼地走路，谁也不敢糟蹋庄稼。

一天，曹操骑马正行，忽地一群斑鸠从路旁的树丛中惊起，吱哇吱哇地叫着从曹操的坐骑前一掠而过。那马受惊后突然狂奔起来，窜进了一块麦田，踏坏了一片小麦。

当众人把马拦住后，曹操立即把军法官叫来，很认真地说："我不小心让马受了惊吓，把老百姓的麦子踏坏了。我已经犯了军法，请你治罪吧。"说完，就从马上跳了下来。

军法官说："您贵为丞相，怎么能治您的罪呢？况且，马践踏麦田是因为惊吓所致，又不是故意的。"

曹操听了，很生气地说："军法是我制定的，是我宣布的。现在我违犯了军法，不加惩处，如何服众？你不肯治我的罪，我就自刎吧！"

曹操说完，拔出宝剑就要自刎。旁边的人眼疾手快，夺下宝剑，全都跪在地上苦苦哀求："丞相重任在身，许多事情都等着您去办，怎么能够如此轻生呢？您如果死了，让谁带领我们去打胜仗呢？"

曹操沉吟良久，才叹了口气说："你们讲得也有道理。不过我犯了军法，也不能不受惩罚呀！"

说完，他就从旁边的人手中夺过宝剑，"唰"的一声，用宝剑割下自己的一束头发，掷在地上，说："就让我以发代首，割发代罚吧！"

接着，曹操让人把他的头发放在一个小匣子里，传示三军，并宣布说："丞相犯法，本当斩首，今从众将之请，割发代罚。"

全军将士看到丞相如此带头守法，既感动又佩服。于是，军中便没有人再敢违犯军法，军队的纪律更加严明了。

心灵物语

曹操割发代首在当时是十分严重的处罚了。但军令如山，如果自己都不遵守规定违法乱纪，那以后的军威也就荡然无存了。曹操有这样的法治观念，他能够统一北方，并为中国的再一次统一打下基础，也就不足为奇了。

史海钩沉

官渡之战

官渡之战是三国时期的"三大战役"之一，也是中国历史上著名的

以弱胜强的战役之一。东汉献帝建安五年（200年），曹操军与袁绍军相持于官渡（今河南中牟东北），在此展开战略决战。曹操奇袭袁军在乌巢的粮仓（今河南封丘西），继而击溃袁军主力。此战奠定了曹操统一中国北方的基础。

□文苑荟萃

短歌行（其一）

曹　操

对酒当歌，人生几何？

譬如朝露，去日苦多。

慨当以慷，忧思难忘。

何以解忧？唯有杜康。

青青子衿，悠悠我心。

但为君故，沉吟至今。

呦呦鹿鸣，食野之苹。

我有嘉宾，鼓瑟吹笙。

明明如月，何时可掇？

忧从中来，不可断绝。

越陌度阡，枉用相存。

契阔谈宴，心念旧恩。

月明星稀，乌鹊南飞，

绕树三匝，何枝可依？

山不厌高，水不厌深。

周公吐哺，天下归心！

 # 诸葛亮自请降级

　　诸葛亮（181—234年），字孔明，号卧龙（也作伏龙），汉族，琅琊阳都（今山东临沂市沂南县）人，蜀汉丞相，三国时期杰出的政治家、战略家、发明家、军事家。在世时被封为武乡侯，谥曰忠武侯。后来东晋政权为了推崇诸葛亮，特追封他为武兴王。代表作有《前出师表》《后出师表》《诫子书》等。

　　蜀后主建兴六年（228年），诸葛亮为实现统一大业，发动了一场北伐曹魏的战争。他命令赵云、邓芝为疑军，占据箕谷（今陕西汉中市北），亲自率十万大军，突袭魏军据守的祁山（今甘肃）。任命参军马谡为前锋，镇守战略要地街亭（今甘肃秦安县东北）。临行前，诸葛亮再三嘱咐马谡："街亭虽小，却关系重大，它是通往汉中的咽喉。如果失掉街亭，我军必败。"并具体指示让他"靠山近水安营扎寨，谨慎小心，不得有误"。

　　马谡到达街亭后，不按诸葛亮的指令依山傍水部署兵力，骄傲轻敌。魏明帝曹睿得知蜀将马谡占领街亭，立即派骁勇善战的，曾多次与蜀军交锋的大将张郃领兵抗击。张郃进军街亭，侦察到马谡舍水上山，心中大喜，立即挥兵切断水源，掐断粮道，将马谡部围困于山上，然后纵火烧山。蜀军饥渴难忍，军心涣散，不战自乱。张郃乘势进攻，蜀军大败。马谡失守街亭导致战局骤变，迫使诸葛亮退回汉中。

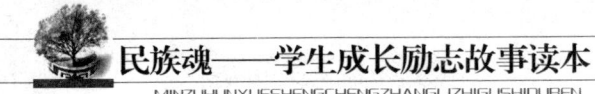

诸葛亮总结此战失利的教训，痛心地说："用马谡错矣。"为了严肃军纪，诸葛亮下令将马谡革职入狱，斩首示众。他强忍悲痛，收其儿为义子，让马谡放心而去。全军将士无不为之震惊。

马谡被斩首了。诸葛亮拭干眼泪，又宣布一道命令：对力主良谋、临危不惧、英勇善战、化险为夷的副将王平加以褒奖，破格擢升为讨寇将军。善于自省的诸葛亮斩马谡、升王平之后，多次以用人不当为由，请求自贬三等，从一品丞相降为三品右将军，仍尽心竭力辅佐后主刘禅，欲图中原，成就大业。

■心灵物语

诸葛亮是集中华民族传统美德于一身的封建社会的完人。他表现出的许多优秀品质，确实成为千百年来中国人民的楷模；他所秉持的思想精神，即便是现在也散发着夺目的光芒。

■史海钩沉

隆中"卧龙"

东汉末年，军阀混战，中国北方一片破败，许多北方人民不得不逃离家乡，到南方避难。大约在汉献帝刘协兴平元年（194年），诸葛亮十四岁的时候，他与姐姐、弟弟一起随着叔父诸葛玄离开了家乡阳都县（今山东沂南），前往南方。从黄河流域到长江流域，由北向南，由东向西，辗转千里。先到豫章郡（今江西南昌），然后又来到襄阳（今湖北襄樊）。三年后，叔父诸葛玄去世，诸葛亮姐弟三人在荆州牧刘表的帮助下，在襄阳城西二十余里的一个叫隆中的地方，置办了一点田产，定居下来。自此，诸葛亮在他的第二故乡隆中，开始了他的"隐居"生活。

隆中村背依隆山，前临汉水，山清水秀。诸葛亮姐弟在此筑茅舍，围竹篱，下田耕作，自食其力。这里不仅看不到战火硝烟，而且远离交通线，耕读生活恬淡清静，田园乐趣无穷无尽。但诸葛亮是个有抱负的青年，他并不满足于恬静的田园生活，他渴望有机会出人头地，干出一番轰轰烈烈的大事业来。

□文苑荟萃

《咏怀古迹五首》之五

杜　甫

诸葛大名垂宇宙，宗臣遗像肃清高。
三分割据纡筹策，万古云霄一羽毛。
伯仲之间见伊吕，指挥若定失萧曹。
福移汉祚终难复，志决身歼军务劳。

赵绰奉公守法尽职尽责

赵绰（生卒年不详），隋河东郡（今山西省永济市）人。《隋书·赵绰传》只言其"仁寿中卒官，时年63岁"。仁寿为隋文帝年号，共四年（601—604年），由此推测，赵绰当生于公元539年到542年之间。赵绰在隋代以执法不阿而闻名于世。

隋文帝登基建立隋朝后，就将赵绰派到司法部门任职，先是到主管审判的机关大理寺任"大理丞"（辅助官员），赵绰接连几次考核都是第一，升任"大理正"。

大理寺掌固来旷上告隋文帝说："大理寺官吏对囚犯过于宽大。"文帝认为来旷忠诚正直，让他每天早晨在五品官员的行列中参见。来旷又告大理寺少卿赵绰随便赦免犯人，文帝派公正的臣下调查，结果赵绰完全没有枉法偏袒囚犯的事情。皇上大怒，下令把来旷斩首。赵绰苦苦争谏，认为来旷罪不当死，文帝气得拂衣进了内室。赵绰假称说："我不再管来旷的事了，我还有别的事情，没有来得及启奏。"隋文帝叫人引赵绰进入内室，赵绰拜了两拜后奏请说："我有三条死罪：我身为大理寺少卿，不能管教约束掌固来旷，致使来旷触犯朝廷的刑律，这是第一条。犯人罪不该死，而我不能以死力争，这是第二条。我本来没有另外的事情，而用欺妄的话来求见陛下，这是第三条。"文帝听了这番话后，脸色变得和善起来。当时独孤皇后在座，就下令赐给赵绰两杯酒，连金杯也一起赏赐给了他。来旷也因此免于一死，被流放到广州。

原陈朝大将萧摩诃的儿子萧世略在江南造反。按照隋朝律法，萧摩诃应当受连坐之罪。皇上说："萧世略还不到20岁，能够做些什么呢？因为他是名将的儿子，被别人胁迫造反罢了。"于是便赦免了萧摩诃。赵绰苦苦劝告皇上不能赦免萧摩诃，文帝不能使赵绰改变主意，因此想让赵绰走后再赦免萧摩诃，便叫赵绰退朝回家。赵绰说："我办的案子还没有了结，不敢退朝回家。"赵绰不肯退朝，隋文帝又拗不过他，于是无奈之下只好同意了赵绰的判决。

刑部侍郎辛亶经常穿大红色的裤子，民间风俗说这样有利于官运通达，隋文帝认为这是在使用巫术，要将他斩首。赵绰说："按照法律规定，不应该判死刑，我不敢奉诏。"文帝大怒，说："你可怜辛亶，难道不可怜自己吗？"下令把赵绰拉出去斩首。赵绰说："宁可陛下杀我，也不能杀辛亶。"赵绰被带至刑堂，脱下衣服将要问斩时，文帝又派人对赵绰说："你到底改不改变主意？"赵绰回答说："我一心一意执法，不敢爱惜自己的生命。"皇帝气得拂衣进入后堂，过了很久，才命令释放赵绰。第二天，文帝向赵绰道歉，慰问并劝勉他，赏赐给他300段锦。

□心灵物语

赵绰能不顾自己性命安危，尽职尽责、秉公执法，为我们树立了守法奉公的榜样。

□史海钩沉

科举制度

科举是历代封建王朝通过考试选拔官吏的一种制度。由于采用分科取士的办法，所以叫做科举。科举制从隋朝大业元年（605年）开始实行，到清朝光绪三十一年（1905年）举行最后一科进士考试为止，经历了一千三百多年。

《隋书》

《隋书》共85卷，其中帝纪5卷，列传50卷，志30卷。本书由多人共同编撰，分为两阶段成书，从草创到全部修完共历时35年。

唐武德四年（621年），令狐德棻提出修梁、陈、北齐、北周、隋等五朝史的建议。次年，朝廷命史臣编修，但数年过后，仍未成书。贞观三年（629年），重修五朝史，由魏徵"总知其务"，并主编《隋书》。

《隋书》的作者都是饱学之士，具有很高的修史水平。《隋书》是现存最早的隋史专著，也是《二十五史》中修史水平较高的史籍之一。

唐太宗下"罪己诏"

> 　　唐太宗李世民（599—649年），唐朝第二位皇帝，他名字的意思是"济世安民"。汉族，陇西成纪人，祖籍赵郡隆庆，政治家、军事家、书法家、诗人。即位为帝后，积极听取群臣的意见，努力学习文治天下，成为中国历史上最出名的政治家与明君之一。唐太宗开创了历史上的"贞观之治"，他主动消灭了各地割据势力，虚心纳谏，在国内厉行节约，使百姓休养生息，终于出现了国泰民安的局面，为后来全盛的开元盛世奠定了基础，将中国传统农业社会推向鼎盛。

　　太宗李世民是唐高祖李渊的次子。隋朝末年，李世民随父李渊起兵灭隋，建立唐王朝。李世民被封为秦王，任尚书令。

　　公元626年，李世民发动"玄武门之变"，杀死太子李建成、齐王李元吉，被立为太子。不久，唐高祖李渊让位，称太祖。李世民即皇位，称为唐太宗。

　　唐太宗不仅善于纳谏，精于用人，而且还能自觉地以国家法律约束自己。他一旦发觉自己的做法违背了法律，就能认真进行检讨。

　　一次，有个叫党仁弘的大将，在做广州都督时，贪污了上百万的钱财。这件事被人告发后，主管司法的大理寺将他依法判处死刑。可是唐太宗以往很器重党仁弘，认为他是个非常难得的人才，舍不得杀他。于是便下了一道圣旨，取消了大理寺的判决，改成撤销职务流放边疆的处

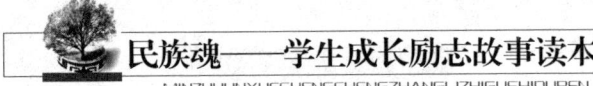
分。处理之后，唐太宗心里很不安，感到自己出于个人感情，置国家法律于不顾，做得很不应该。于是他把大臣召到金殿上，心情沉痛地向大家检讨说："法律是皇帝按照上天的旨意批准制定的，皇帝应该带头执行，而不能因为私念，不守法律，失信于民。我因私念袒护党仁弘，赦免了他的死罪，实在是以私心乱国法啊！"

大臣正想宽慰唐太宗几句，不料唐太宗说完以后当场宣布，为了这件事，他将亲自到京城的南郊去，住草房，吃素食，向上天谢罪三日。

这一行为令满朝的文武大臣都非常吃惊，觉得唐太宗为这点事竟然这样做，太过分了，于是纷纷跪下劝阻。丞相房玄龄对唐太宗说："皇帝是一国之主，生杀大权是皇帝掌握的。陛下何必把这件事看得这样重，内疚自贬到这种程度呢？"

唐太宗并没有因为大家的劝说、宽慰而原谅自己，他自责地说："正因为皇帝是掌握生杀大权的，才更应该慎重认真，严格按照国家法律办事呀。而我却没有听从大理寺依法判决的正确意见，反而不顾法律，一意孤行，这怎么能原谅自己呢？"

天快黑了，唐太宗见大家一直跪在地上阻拦，硬是不让他去郊外，便感慨万分地说："你们不要跪在地上了，快起来吧。我决定暂时不到郊外向上天谢罪了。但是，一定要下诏书，把自己的罪过公布于天下！"说着就毅然拿起笔来，写了一道"罪己诏"。

唐太宗在"罪己诏"中检查道："我在处理党仁弘之事上，有三大过错：一是知人不明，错用了党仁弘；二是以私乱法，包庇了党仁弘；三是赏罚不明，处理得不公正。"唐太宗向大臣们宣读之后，立即下令，将他的"罪己诏"向全国的臣民公布。

■心灵物语

唐太宗能以一国君王的身份向天下人认错，并下"罪己诏"，是十分难得的事情。他这种谦虚自省的品质也是贤明君主必须具备的。

大唐开放国境政策

　　由于东罗马帝国(395—1453年)的衰落,西方变得支离破碎。到了隋朝时,中国几乎是世界上最强大的国家了。尤其是贞观时期的唐朝,更是当时世界最为强盛的帝国,首都长安是世界性的大都会,各地民商来往不断。那时的唐朝是世界各国仁人志士心目中的"阳光地带",各国的杰才俊士宁愿冒着生命危险也要往唐朝跑。来自世界各国的外交使节纷纷赞叹唐朝的盛世、唐朝高度发展的文化,来到唐朝的各国人也以能成为大唐人为荣。不仅首都长安,全国各地都有来自国外的"侨民"在当地定居,尤其是新兴的商业城市,仅广州一城的西洋侨民就有二十万人以上。贞观时期的唐王朝是中国历史上少有的完全开放的王朝,比汉朝的仅限于贸易和传教还要开放,以至于各国各地的普通老百姓都可以来到唐朝一睹风采。唐朝还设立流所,开放边境和关口,极力吸收外来文化和物质文明。

□文苑荟萃

李世民诗三首

饮马长城窟行

塞外悲风切,交河冰已结。

瀚海百重波,阴山千里雪。

迥戍危烽火,层峦引高节。

悠悠卷旆旌,饮马出长城。

寒沙连骑迹,朔吹断边声。

胡尘清玉塞,羌笛韵金钲。

绝漠干戈戢,车徒振原隰。

都尉反龙堆,将军旋马邑。

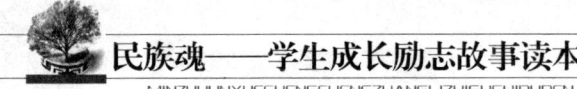

扬麾氛雾静，纪石功名立。

荒裔一戎衣，灵台凯歌入。

经破薛举战地

昔年怀壮气，提戈初仗节。

心随朗日高，志与秋霜洁。

移锋惊电起，转战长河决。

营碎落星沉，阵卷横云裂。

一挥氛沴静，再举鲸鲵灭。

于兹俯旧原，属目驻华轩。

沉沙无故迹，减灶有残痕。

浪霞穿水净，峰雾抱莲昏。

世途亟流易，人事殊今昔。

长想眺前踪，抚躬聊自适。

出　猎

楚王云梦泽，汉帝长杨宫。

岂若因农暇，阅武出辕嵩。

三驱陈锐卒，七萃列材雄。

寒野霜氛白，平原烧火红。

雕戈夏服箭，羽骑绿沉弓。

怖兽潜幽壑，惊禽散翠空。

长烟晦落景，灌木振岩风。

所为除民瘼，非是悦林丛。

常登洪按市价买菜

淮海战役中，解放军某部在紧追南逃之敌时，开进了新解放的陈庄，决定暂时在这个村里休整。

司务长常登洪在宿营地把伙房安顿好后，就叫炊事员赶快烧火做饭。他自己背起一个箩筐，想向村里的老乡买点菜。

经过战争的浩劫，陈庄村里一片苍凉。常登洪在村里东走西转，直转到村北头的一块菜地，才看见还有一畦胡萝卜留在地里。但菜地的主人不在。怎么办？常登洪心想，先拔一筐胡萝卜，然后进村寻找菜地的主人，过秤付钱就是了。

常登洪拔满一筐胡萝卜，正准备起身进村的时候，迎面走过来一位年过半百的老大爷。老大爷看见一个穿军装的人拔了一筐胡萝卜，脸上露出一副无可奈何的表情，站在路边举步不前。常登洪上前一问，才知道这位老大爷就是菜地的主人。

常登洪向老大爷讲明情况后，接着就问："这胡萝卜多少钱一斤呢？"

老大爷强作笑脸地说："老总，你们吃菜只管拿就是了，还给什么钱？"

"不。咱们解放军是人民的军队，不拿群众一针一线，这是部队的纪律，怎么能不给钱就吃菜呢？"常登洪知道新解放区群众对解放军还不了解，所以耐心地解释着。

老大爷半信半疑地向常登洪看了好一阵，才说："老总一定要给钱，那就算一斤100元北海币吧。"

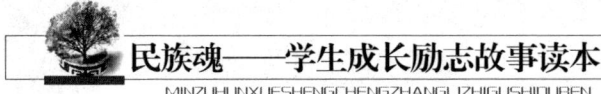

"100元钱一斤？"常登洪吃惊地发问。

老大爷以为常登洪嫌要的价太高，就赶紧说："这胡萝卜是自己地里种的，钱多钱少没关系，老总看着给吧。"

"不，老大爷，我知道这胡萝卜的市价是200元一斤，你要的价太低了。我们解放军不能让群众吃亏，我就按市价给您钱吧。"

老大爷愣住了。他从上到下地打量着常登洪这位解放军战士。心想：买卖买卖，自古以来就是漫天要价，落地还钱。现在这买卖竟然倒了过来，成了要价低，还价高，真是一件怪事。

老大爷想得出神，又听见常登洪说："老大爷，您先把这五千元北海币收起来，咱俩现在一起进村，把菜过过秤，多退少补。"

常登洪说完，背起箩筐朝前走了。后头跟着喜在心头、皱纹乐得都舒展开来的老大爷。

心灵物语

自觉遵守革命纪律，不拿群众一针一线，是我们革命队伍密切军民关系、取得胜利的法宝。

史海钩沉

淮海战役

淮海战役是解放战争时期的第二个战略进攻性战役，它是以徐州为中心，在东起海州，西至商丘，北起临城（今枣庄市薛城），南达淮河的广大区域内开展的战役。淮海战役是三大战役中解放军牺牲最多、歼敌数量最多、政治影响最大、战争样式最复杂的战役。

罗瑞卿守规补站台票

> 罗瑞卿（1906—1978年），汉族，四川省南充市舞凤乡人，中国无产阶级革命家、中国人民解放军高级将领、军事家，中国人民解放军十大将军之一。他参加过长征，在抗日战争时期主持过抗日大学的工作，新中国成立后曾是中国人民解放军总参谋长、国防部副部长、中华人民共和国的副总理。"文革"时期受林彪等人诬陷遭批判。1977年平反，次年去德国治病不幸逝世。

罗瑞卿是新中国的第一任公安部部长。他一向严于律己，经常教育公安干部要全心全意为人民服务，模范地遵法守纪，绝对不能搞特殊化。

有一次，一位贵客要来北京，罗部长决定亲自到火车站迎接。但是，那天他忙完公务后时间已晚，赶到车站门口时，火车已经快进站了。

按照惯例，尽管火车站允许执行公务的公安干部进入站台，但是罗部长每次进站接人还是要先买站台票。这一次实在是来不及了，于是随行的小姚同志紧走几步，先向检票员打招呼说：

"我们是公安部的，要进车站接客人。"

检票员一听，很热情地请罗部长、小姚和司机进了站台。

在回来的路上，罗部长问小姚：

"刚才我们进站时，你买站台票了吗？"

"没时间买啦，我打了个招呼就进去了。"小姚如实地回答。

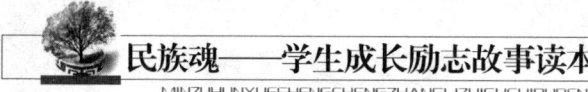
"那么，出站时为什么不补票？"罗部长带着责备的口气问。

小姚一时间答不出话来。

当把贵客送到住处以后，罗部长用深沉的目光望着小姚，对他说：

"现在，你赶快坐我的车到火车站去，补买三张站台票。我们公安干部应当做遵守法纪的模范。"

罗部长接着严肃而又慈祥地说："中国古人有句老话：'勿以恶小而为之，勿以善小而不为！'不买站台票进站，虽然是件小事，但我们不能因为它'小'就不去注意。我们应该'防微杜渐'啊！"

听了罗部长的话，小姚赶快去车站补买了站台票。同时，"防微杜渐"这四个字也永远地刻在了小姚的心中。

■心灵物语

身居高位的罗瑞卿能够模范地遵纪守法，不搞特殊化，并能从小事做起，"防微杜渐"，这种品质值得我们广大青少年学习。

■史海钩沉

太原战役

太原战役是解放战争时期，中国人民解放军华北军区部队和第一、第四野战军各一部对国民党军坚固设防的山西省太原市进行的攻坚战。

太原战役中，人民解放军伤亡4.5万人，歼灭国民党军1个"绥靖"公署、2个兵团、6个军、20个师，共毙伤俘13.5万余人。解放太原后，大同国民党守军万余人见大势已去，也于4月29日接受改编，大同和平解放。至此，山西全省解放。

太原战役的胜利，标志着山西全省解放，结束了阎锡山对山西省长达38年的统治。

■文苑荟萃

西北野战军

西北野战军是解放战争时期和中华人民共和国成立初期，中国人民解放军主力部队之一。西北野战军拥有数个兵团，是独立执行战略战役任务的野战集团。

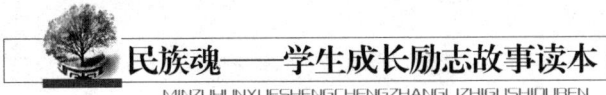
 ## 大连舰院严格纪律

　　大连舰艇学院是一座培养海军初级指挥官的学校。它以有铁一般的严明纪律闻名于海内外。

　　舰院的新生入学后，第一课就是学"站"。这"站"要过三关，其中最见功力的是第三关，即学员摘下军帽反扣头上，成立正姿势站立4个小时。头上的帽子不许掉下来，至此才算合格。

　　有一次，在盛夏的骄阳下，15名女学员和男学员一起，全副武装地站在操场上。一小时过去了，两小时过去了……突然，学员乔娜举起手来，刚说了个"报"字，还没来得及喊完"报告"，就昏倒在地。她倒下去了，可还是保持着全身立正的姿势。乔娜被教官派人扶到了树荫下，而站在乔娜身旁的张雅静，仍然一动不动，好像什么事情也没有发生过。

　　当学员二队进驻大连陆军指挥学院，进行步兵战术训练时，学员张晓峰的家就在陆院。他的父亲是刚刚离休的陆军少将，那些天正在生病。于是张将军身边的工作人员打来电话，请张晓峰回家看看。张晓峰用军人的口吻回答说："不行，学校的纪律规定，在训练期间是不允许学员外出和探家的。"

　　当时，张晓峰住的宿舍离他的家很近，从宿舍的窗口就能看到自己家。张晓峰只有在没人的时候从窗口望望自己的家，可是整整15天，

就是没有进家门。

　　舰院的纪律是高于生命的。有一年暑假前，学员九队进行舰队政工的毕业考试。考试这天，学员吕华刚刚做了阑尾切除手术，体内还插着导尿管，左臂上挂着液体瓶，连坐起来都很困难。但是为了按照学校规定参加考试，他硬是要求医院用担架把他抬进考场。在医护人员的精心护理下，他忍着刀口的疼痛，硬是以一个军人的顽强意志通过了考试。

　　由于大连舰院纪律严明，所以培养出来的学生都具有极强的毅力和过硬的本领。建校至今，这所学院为中国海军输送了一大批军事干部。其中，有4名中将，28名少将，还有一个学员当了第三世界某国的海军司令。

□心灵物语

　　服从纪律是军人的天职，纪律严明的军校才能培养出军事过硬的人才。

□史海钩沉

人民海军历史

　　中国人民解放军海军是在中国人民解放军陆军的基础上组建起来的。1949年3月24日，中国人民革命军事委员会主席毛泽东和中国人民解放军总司令朱德热烈庆祝"重庆"号巡洋舰官兵起义，指出中国人民必须建设自己强大的国防，除了陆军，还必须建立自己的空军和海军。1949年4月4日，中国人民解放军第三野战军副司令员粟裕、参谋长张震奉中央军委命令，到达江苏省泰州白马庙乡，建立渡江战役指挥部，接受国民党起义投诚舰艇，组建了一支保卫海疆的海军部队。1949年4月23日，华东军区海军领导机构在白马庙乡成立，张爱萍任司令员兼政委，人民海军从此诞生。1989年3月，中央军委批准确定1949年4月23日为人民海军成立日。

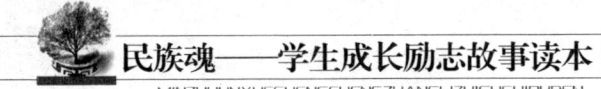

 # 郭躬依法劝谏

郭躬(？—94年),东汉官吏。字仲孙,颍川阳翟(今河南禹州市)人。其父断狱三十年。他少时传父业,讲授法律,徒众数百人。后为郡吏,征辟公府。主张审案定刑从宽从轻。章帝元和三年(86年)官至廷尉。曾奏请修改律令四十一条,皆改重刑为轻刑,为朝廷采纳,颁布施行。

郭躬是东汉时期的大学者。他精通法律,皇帝遇到一些很难决断的疑难案件时,也常常征询他的意见。

有一次,在京都洛阳附近的一个小县里,兄弟二人合伙杀了人。按照法律,主犯应判死刑,从犯可以从轻发落。但兄弟二人中究竟哪个是主犯哪个是从犯,县官、州官都审不清,只好把案子奏报皇帝裁定。

皇帝看了奏本,想了一想就笑着说:"这个案子很容易判。因为弟弟犯罪,也是由于哥哥管教不严造成的,哥哥当然是主犯,就把哥哥处以死刑吧。"说罢,就让宦官孙余向满朝文武大臣传达旨意。

这孙余是刚刚担任传旨工作的。当时,他的心情有些紧张,也没有完全听懂皇帝讲话的意思,不知怎么搞的,就鬼使神差地传旨说:"兄弟二人都处以死刑。"

孙余的话音刚落,一个大臣就出班启奏:"孙余胆大妄为,假传圣旨,应该按律处斩。"

孙余真的该杀吗？皇帝拿不定主意，就征求郭躬的意见。

郭躬回答说："法律明文规定，犯罪有故意和过失的区别。故意犯罪从重判刑，过失犯罪是应该从轻的。现在孙余传达错了您的旨意，显然只是个过失，所以按照法律处些罚金就可以了。"

皇帝说："你说得是有道理。不过孙余和那兄弟俩是同一个县的老乡，会不会是他们之间有旧怨，现在要乘机报复呢？"

郭躬很严肃地回答："您是一国之主，治理国家可不能凭自己的主观想象节外生枝；也千万不能凭自己一时的喜怒改变法律。做国君的要光明正大，不要轻易怀疑别人在耍诡计。这样才能建立互信，做到依法治天下。"

皇帝觉得郭躬讲得很有道理，因此就按过失犯罪处理了孙余错传旨意的事件。

█ 心灵物语

治理国家要依照法律，不能凭借主观想象。郭躬能够劝谏皇帝依照法律办事，这种行为是很难能可贵的。

█ 史海钩沉

光武中兴

刘秀更始三年（25年）夏，在鄗县南千秋亭五城陌（今河北柏乡内）即帝位，改元建武，改鄗为高邑，次年定都洛阳，建立东汉政权。之后，刘秀指挥军队镇压赤眉等农民起义军，削平各地割据势力。在位期间，刘秀以"柔道"治天下，采取一系列措施，促进社会恢复发展生产，缓和西汉末年以来的社会危机。建武二年至十四年（26—38年）颁布6道释放奴婢诏令，规定战争期间被卖为奴婢者免为庶人，未释放的官私奴婢必须有基本

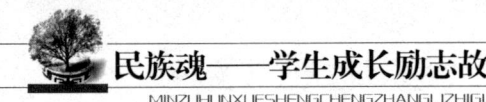
的人身保障。建武十一年，刘秀连下3次诏令，规定杀奴婢者不得减罪；炙灼奴婢者依法治罪；免被炙灼的奴婢为庶人；废除奴婢射伤人处极刑的法律。他还恢复西汉较轻的田税制，实行三十税一。遣散地方军队，废除更役制度，组织军队屯垦。简政减吏，裁并四百多县。放免刑徒为庶民，用于边郡屯田。建武十五年，刘秀下令度田、检查户口，加强封建国家对土地和劳动力的控制。加强中央集权，对功臣赐予优厚的爵禄，但禁止他们干政；排斥三公，加重在皇帝左右掌管文书的尚书之权，全国政务经尚书台总揽于皇帝之手，在地方，废除掌握军队的都尉。种种措施，都使东汉初年出现了社会安定、经济恢复、人口增长的局面，因此刘秀统治时期史称"光武中兴"。

■文苑荟萃

云台二十八将

云台二十八将是指云台列将32人，前28人为开国功臣，上应二十八宿，就是云台二十八将，包括：邓禹、马成、吴汉、王梁、贾复、陈俊、耿弇、杜茂、寇恂、傅俊、岑彭、坚镡、冯异、王霸、朱祐、任光、祭遵、李忠、景丹、万修、盖延、邳彤、铫期、刘植、耿纯、臧宫、马武、刘隆。

永平中又有王常、李通、窦融、卓茂列入，共计32人。故依其本弟系之篇末，以志功臣之次云尔。

只要和皇室有亲戚关系的都没被列入云台二十八将里，如光武帝的表兄来歙、阴兴、阴识、邓晨（光武帝姐夫）功劳都很大，最后均未列入。

第三篇
秉公执法大义灭亲

孙武练兵斩王姬

孙武（约公元前535—约前470年），字长卿，后人尊称其为孙子、孙武子、兵圣、百世兵家之师、东方兵学的鼻祖。汉族。春秋时期齐国乐安（今山东省广饶县）人。曾以《兵法》13篇见吴王阖闾，受任为将。领兵打仗，战无不胜，与伍子胥率吴军破楚，五战五捷，率兵6万打败楚国20万大军，攻入楚国郢都。北威齐晋，南服越人，显名诸侯。所著兵法十三篇是我国最早的兵法，被誉为"兵学圣典"，置于《武经七书》之首，被译为英文、法文、德文、日文，成为世界上最著名的兵学典范之书。

春秋时期，吴王阖闾为了争夺霸主地位，迫切需要拜请一位能够领兵作战的将军。恰在这时，他得到了孙武写的《兵法》13篇，读完之后十分着迷。于是，吴王就派人把孙武请进王宫，很客气地说："您的《兵法》我已读过了，其中的见解很精辟，能不能实际演示演示呢？"

孙武回答说："行呀，不论男女，只要经过我列阵演练，都可以成为勇武善战的好兵。"

"从未见过战阵的娇弱女子，您也能训练成为好兵吗？"吴王问。

"能！"孙武斩钉截铁地回答。

吴王把180名宫女交给孙武训练。他想考察一下孙武的实际指挥能力，就坐在演练场旁边的高台上观看。

孙武在操练时，先让每个宫女手持一支戟，把她们分为左右两队，指定吴王的两个宠姬担任队长，接着问她们是否知道自己的心、背和左右手的位置？众宫女回答："知道。"她们也好奇地想看看孙武究竟要怎样操练。

只听孙武严肃地说："现在由我擂鼓发令。令向前，就朝着心所对的方向进击；令向左，就沿着左手的方向出击；令向右，就沿着右手的方向出击；令向后，就转过身向着背的方向后退。你们能做到吗？"众宫女说："能。"孙武又强调指出："如果有人不听从军令，就依法斩首。"

众宫女平时只会唱歌跳舞，哪里晓得军法的厉害。尤其是那两个队长，仗着吴王的宠爱，根本没有把孙武放在眼里。因此，当孙武发出军令后，鼓声咚咚，令旗挥舞，众宫女不但没有依令进退，反而嘻嘻哈哈笑个不停，把队形都搞乱了。

见此情形，孙武没有动怒。他说："大家第一次参加操练，有不明白的地方，是我没有讲解清楚。"他把军令和操练要求又反复地向宫女们作了讲解，再次强调："如果有人不听从军令，是一定要斩首的。"

把宫女们的队形整理好后，孙武再次下令击鼓向左进击。众宫女还是嘻嘻哈哈，两个队长依然笑得前仰后合。队形又被搞乱了。

这时孙武威严地宣布："我把军令和操练要求已经讲明，可是队长却带头不听军令，依法应当斩首。"于是他下令把充当队长的两个吴王宠姬绑了起来。坐在高台上的吴王阖闾见了大吃一惊，赶忙派人传旨要求赦免二姬。孙武断然回答："现在我是主将，将在外，君命有所不受。"在他的坚持下，两个宠姬被斩首示众。

众宫女见孙武执法如山，操练时再也不敢怠慢。一会儿鼓声又起，令旗挥舞，众宫女奇迹般地排列成了一支步调整齐的队伍。前后左右，躺倒起立，就是在泥泞的草地上也是按照将令进退起止，完全符合要求，一点儿差错也没有，嘻嘻哈哈的笑声更是听不到了。

孙武显示了他的治军才能。吴王阖闾尽管心疼他的宠姬，但更庆幸发现了一位很有气魄和胆识的将才，于是正式任命孙武为大将军。

■心灵物语

法不严则令不行。孙武斩王姬，用严明的军纪展现了一代军事家严谨的治军方略。

■史海钩沉

齐国争霸

春秋早期，齐国与主要竞争对手鲁国之间经常发生战争。公元前689年，齐襄公灭鲁，扫除东面障碍。公元前686年，公孙无知杀襄公自立，公子纠奔鲁，公子小白奔莒。次年，无知被杀。鲁伐齐，欲纳公子纠，而齐高氏、国氏已召小白先入，击败鲁师，立为齐桓公。桓公在位期间，任用管仲为臣，实行一系列改革，齐国日益强大。公元前684年，齐灭掉西面小国谭，向鲁推进。公元前681年，又与宋、陈、蔡、邾会于北杏，南下灭掉逼近鲁的小国遂，迫使鲁与齐言和，盟于柯。次年，齐假王命合陈、曹伐宋，迫使宋国屈服，并与宋、卫、郑会于鄄，又次年，齐与宋、陈、卫、郑复会于鄄，开始称霸诸侯。

■文苑荟萃

孙武故里之争

孙武的故里问题，前人已有成说，即《史记·孙子吴起列传》的"孙子武者，齐人也"。最近两个世纪才出现了对孙武故里的考证。至今，史学界中也是广饶说、惠民说、博兴说、临淄说并存。今人在探究孙子故里的过程中，对孙子故里的定位出现了"祖居地"与"出生地"的分歧。持"乐安说"者以"祖居地"为故里，依据孙武的祖父孙书"食采于乐安"，而认定乐安就是孙武的故里。持"非乐安说"者以"出生地"为故里，认为"出生并长期生活的地方即为故里"。从而依据《史记》《左传》等典籍提供的史料，得出孙武出生在前，孙书"食采于乐安"在后的结论，论证孙武的故里不可能在乐安。差之毫厘，谬以千里。

石碏大义灭亲

石碏（生卒年不详），春秋时期卫国人。卫庄公时曾任大臣。他一生忠厚正直，奉公守法，受到后人尊崇。

春秋时期，卫国的石碏是一位忠厚正直、奉公守法的大臣。可是他的儿子石厚却是个诡计多端、阴险狡诈的人。石厚和卫庄公的小儿子州吁十分要好。人们都说石厚是州吁的狗头军师。

卫庄公死后，他的大儿子继位，称为桓公。这时，石厚替州吁出谋献计，把桓公杀了，由州吁当了国君。而石厚也因此得宠，被封为上大夫，位居百官之首。

石碏看到自己的儿子帮助州吁做了大逆不道的事，肺都气炸了。为了和儿子划清界限，他就以年老多病为由辞官了。

州吁杀兄篡位，遭到卫国满朝文武大臣的反对。为了摆脱这种局面，他赶紧让石厚带上一份厚礼，请德高望重的石碏出来辅佐朝政。

石碏对州吁、石厚的行径早已恨得咬牙切齿，但这次却满口答应愿意站出来替州吁收揽人心。而且他还建议说："按照惯例，诸侯国的新君即位一定要去朝拜周天子。只要能得到周天子的批准，新君的地位就名正言顺了。"

"你是说，州吁应该去朝见周天子吗？"石厚问。

"是的。不过在去朝拜之前，你应该陪着州吁去见见陈桓公。这人

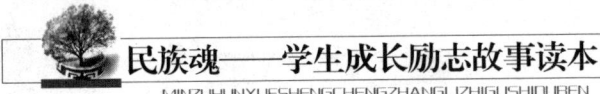

很受周天子信任。如果他在周天子面前说几句好话，周天子批准州吁做卫国国君的事准能办成。"石碏回答。

石厚把石碏的建议向州吁做了汇报，州吁觉得这个建议很有道理。于是两人备上厚礼，一起去陈国拜访。

但是，州吁和石厚刚到陈国，就被陈国的武士抓了起来。

这是怎么回事呢？原来，在州吁和石厚到陈国之前，陈桓公就收到老朋友石碏的血书。血书中历数了州吁和石厚倒行逆施的种种罪行，请陈桓公一定要替卫国除害。陈桓公同石碏的交情很深，因此帮助卫国抓住了这两个坏人。

州吁、石厚被抓的消息传到卫国，石碏立即召集朝中大臣商议对两个逆贼的处理办法。

在商议过程中，大家一致认为，州吁杀兄篡位，罪大恶极，应该依法处以死刑；可是对于石厚，许多人都说："石厚只是个帮凶，还是从轻发落为好。"

石碏听后，斩钉截铁地说："杀州吁，就不可不杀石厚。他们两人都必须依法处死。你们不要看在我的面子上就宽恕石厚，我是绝不会为了袒护一个犯了罪的儿子，就去破坏国家法律的。"

石碏的这一番话使朝中大臣深受感动。最后，大家终于同意了石碏的意见，派人到陈国将州吁和石厚都处以死刑。

心灵物语

石碏以国家法律为重，大义当前，依法处置犯罪的儿子。石碏不讲亲情，只讲法纪的行为是值得后人称颂和赞扬的。

史海钩沉

卫国始末

卫，先秦姬姓诸侯国。西周初，周公平定东方殷商故土的叛乱活动后，任命其弟康叔封坐镇河、淇间以控驭东方。他谆谆告诫康叔封的治国方针，均保存在《尚书》的《康诰》《酒诰》《梓材》等名文中。叔封初封于康（今河南禹州市西北），铜器铭文中常见的康侯、康公，都是指叔封或其子嗣，后不知何时改康为卫。西周末年，卫武公在政治上甚为活跃，周平王东迁也曾得到他的支持。春秋之初，卫国仍是东方的大国。卫懿公九年（公元前660年），卫被狄人攻灭，仅剩五千余人在宋的资助下临时寄居于曹（今河南滑县东）。接着，齐桓公率诸侯修筑楚丘（今河南浚县东），帮助卫在此重新建国，并派一支齐军驻守保护。卫文公（公元前659—前635年在位）艰苦创业，发展生产，到晚年军力增长十倍，后又吞并邢国（今山东聊城），国势复兴。卫成公六年（公元前629年），卫为避狄人侵扰，再迁帝丘（今河南濮阳），经百余年休养生息，重又呈现出经济繁荣的景象。进入战国，卫遭到赵的不断蚕食，国土日削，政治上也愈加腐败，卫成侯（公元前361—前333年在位）被称为"聚敛计数之君"，行将自取灭亡。但卫的灭亡将破坏赵、魏间的均势，所以魏国攻赵救卫，使卫侥幸保存下来，成了魏国的附庸。秦王政六年（公元前241年），秦攻魏，占领濮阳一带设置东郡。卫国遂迁徙到野王（今河南沁阳），转受秦的保护。秦二世元年（公元前209年），卫君角被废为庶人，卫成为最后灭亡的周代封国。

□文苑荟萃

《诗经》节选

宾之初筵，左右秩秩，笾豆有楚，肴核维旅。酒既和旨，饮酒孔偕，钟鼓既设，举酬逸逸。大侯既抗，弓矢斯张，射夫既同，献尔发功。发彼有的，以祈尔爵。

籥舞笙鼓，乐既和奏，烝衎烈祖，以洽白礼。百礼既至，有壬有林，锡尔纯嘏，子孙其湛。其湛曰乐，各奏尔能，宾载手仇，室人入又。酌彼康爵，以奏尔时。

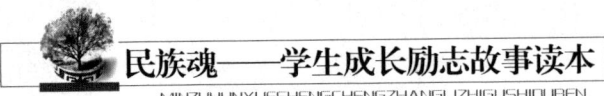
 # 叔向断案不为亲隐

> 叔向（生卒年不详），姬姓，羊舌氏，名肸，字叔向，又字叔誉，因被封于杨（今山西洪洞县），以邑为氏，别为杨氏，又称叔肸、杨肸。春秋后期晋国贤臣、政治家、外交家。出身晋国公族，历事晋悼公、平公、昭公三世，为晋平公傅、上大夫。叔向和晏婴、子产是同时代人，他不曾担任执晋国国政的六卿，但以正直和才识见称于世，留下了一些重要的政治见解和政治风范。前546年，叔向代表晋国与楚国达成了弭兵会盟，缓和了当时的形势。

春秋时期，各国诸侯以及公室纷争不断，有一位饱学多智、与世无争的淡泊之人，他认为，"优哉游哉，聊以卒岁，智也"。但他的淡泊却不是毫无原则地随波逐流。为了法律的尊严，他不徇己私、不庇己亲，正确处理情与法的关系，可称为执法者的楷模。他就是羊舌叔向。

叔向，晋平公元年（公元前557年）任公傅。

晋昭公四年（公元前528年），晋国大夫楚申公巫臣之子邢侯与雍子因田界发生纠纷。原来，20年前，晋平公在位时，楚人雍子受到父兄的谮毁，逃奔晋国避难。

晋十分倚重他，特将邢侯采邑中的畜地中的一部分赐给他。因此形成雍子与邢侯的田界毗邻，并且犬牙交错的复杂情况。天长日久，田界渐渐模糊不清，两家为田界一事屡起纠纷，为此还找到大理打官司。但

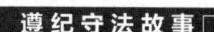

历时甚久，也没有调解成功。

恰好理官士景伯出使楚国，由叔向的弟弟叔鱼摄代士景伯之任。秉持国政的韩宣子命叔鱼了断这桩拖延日久的旧狱。

叔鱼接手此案后，详勘地界，认为此案"罪在雍子"。心虚的雍子听到这一消息后，深知叔鱼素来"渎货无厌"，贪求财色不择手段、不顾后果，赶紧投其所好地将自己的一个女儿给叔鱼为妾，以求为己掩饰。贪财好色的叔鱼受贿后，立刻转而判处邢侯有罪。邢侯听到如此颠倒黑白的判决，不禁勃然大怒，直接冲上朝堂与之论理。争吵中，怒不可遏的邢侯竟将雍子、叔鱼当堂杀死了。

韩宣子觉得此案很棘手，就将叔向找来，向他求教处理这件案子的办法。叔向面对胞弟的尸体，并未设法为胞弟开脱罪责，而是当即干净利落地回答道："这三个人所犯的罪过程度是相同的，按律应当将活着的处死，将已死的陈尸示众。"接着他向韩宣子具体分析了每个人的罪行：雍子明知有罪，却以女嫁于叔鱼，这是用行贿方式来获得胜诉；叔鱼身为司法官员，不仅受贿，而且不以情理判曲直，实已触犯卖狱大忌；邢侯未经批准而专擅杀人。这三个人所犯的罪行、恶劣程度是一样的。由此，叔向得出结论：自己有罪而去掠取美名，就是昏；贪污受贿以至于败坏职守，这叫做墨；肆无忌惮地擅自杀人，就叫做贼。《夏书》上记载：犯了昏、墨、贼三种罪行都必须处以死刑，这是皋陶制定的刑法，请你据此去判处他们吧！

韩宣子听了如此责有所归、罪有所得、有理有据的回答，心膺折服。于是宣布三人罪状，将邢侯处死，将雍子、叔鱼二人的尸体在街市示众，以儆效尤。

孔子听说此事后，对叔向所为大加赞赏，他认为制刑亦治国之大事，叔向审治邢侯之狱，指斥叔鱼之贪，以正刑书，而于其亲不包庇隐蔽，高度赞誉了叔向的刚直！

■心灵物语

执法无私，不为亲隐，正确处理情与法的关系，维护法律的尊严，这是一个正直的执法者所应具有的品德。

■史海钩沉

晋国始末

晋国，春秋时期诸侯国名，出自周成王弟唐叔虞，疆域约为今山西省南部。唐叔虞之子晋侯燮父徙居晋水，至晋孝侯时，国都名翼（今山西翼城县）；曲沃代翼之后，晋献公迁都绛（今山西翼城县东南），别都曲沃（今山西闻喜县东）。

公元前403年，晋国卿大夫韩虔、赵籍、魏斯三家自立为诸侯，分裂晋国。周威烈王赐三家为诸侯，于是韩国、赵国、魏国三国分晋，晋国灭亡。

■文苑荟萃

晋国六卿

狭义上的晋国六卿指的是自公元前546年至公元前497年在晋国出现的范、中行、赵、韩、智、魏六个世袭卿族。六卿共主国政，专擅晋权。这也是最经典的六卿模式。

广义上的晋国六卿则是指从公元前633年晋文公重耳始作三军设六卿起，直至公元前403年韩、赵、魏三家瓜分晋国的六卿军政制度。期间狐氏、先氏、栾氏、屠氏、箕氏、贾氏、赵氏、邰氏、胥氏、中行氏、温氏、士氏、范氏、原氏、步氏、韩氏、巟氏、吕氏、令狐氏、程氏、巩氏、智氏、邯郸氏、魏氏纷纷角逐晋国政治舞台，他们同在一个屋檐下，为了生存，争权夺利，展开了一轮又一轮的竞争，其间亲情与仇恨交织、恩义与血腥错杂。

 # 晋文公"法行所爱"

> 　　晋文公（公元前697—前628年），姬姓，名重耳，与周王室同宗。春秋时期著名的政治家，晋国国君，春秋五霸之一。晋献公之子，因其父立幼子为嗣，曾流亡国外19年；后在秦国援助之下，于62岁时回国即位。

　　一天，晋文公正和大臣们讨论刑罚的最高准则是什么。大家你一言我一语，七嘴八舌，说个不停，一时找不到一个正确的答案。

　　正在这时，一个人在旁说了八个字。这八个字一出口，大家都觉得挺对，厅堂之内一时鸦雀无声。这八个字就是："不避亲贵，法行所爱。"意思是说：亲近的人、尊贵的人犯法也要和平常人一样受到处罚；法律对当权者所亲爱的人也要一视同仁，不折不扣地付诸实施。用现在的话说就是"在法律面前人人平等"。晋文公当时听了这八个字也是点头称善，但他没有听出来这个人说这八个字所含的特殊意味。其实晋文公样样都好，就是有一样，和他一起奔波了十九年的颠颉是他最喜爱的人，就在他身边。这个颠颉可以说是一个无法无天的"叭儿狗"，是一个十恶不赦的魔鬼。

　　第二天，有趣的事便发生了。晋文公去打猎，文武百官照样跟随。事先规定，大家必须按时到达，违者斩首。在古代，打猎也是一种军事行动，行令如军令，是必须服从与遵守的。可偏偏就在这时，有一个人迟到了，他就是颠颉。颠颉是过了半个时辰才到的。他以为自己是扶持

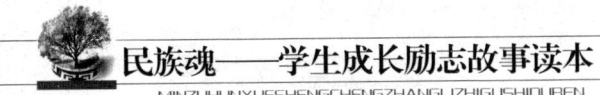
晋文公即位的有功之臣，自己迟到是小事一桩，根本没在意。

打猎快开始了。主持这次打猎行动的官员向晋文公报告说："所有的人员都按时到齐，只有颠颉迟了半个时辰才到。按法当斩，请您定夺。"

这下晋文公为难了。是啊，昨天才开过会，大家议定了那八个字："不避亲贵，法行所爱。"自己也点头称善，实际是通过了这个"八字宪法"，可今天就碰上了难事。这可怎么办呢？不杀颠颉吧，等于自己打自己耳光，让自己丢人现眼；可若是杀了他，十九年的颠沛流离，十九年的患难与共，自己又怎能下得了手？想来想去，不知不觉间晋文公的眼泪像断了线的珠子一样一颗一颗地落在地上。

可是主持官还站在那儿，而且又说了一句："请您批准，处斩颠颉，以正军法。"

颠颉这才意识到问题的严重性，他慌忙跪下来，磕头如捣蒜，求晋文公饶命。晋文公一看，自己实在无能为力，便冲着主持官点了点头。主持官一看国君点头了，便向行刑官下令：处斩颠颉。刽子手随即把颠颉带出，一刀斩为两截。

杀了颠颉，打猎的队伍便出发了。这支队伍向猎区冲去，显得格外的矫健……

■ 心灵物语

不避亲贵，法行所爱，言出必行，忍痛割爱。晋文公能做到这点，可以称得上是一代明君了。

■ 史海钩沉

城濮之战

晋文公四年，楚成王及诸侯围宋。宋向晋国求救。先轸建议出兵救援，一来回报当初宋国对文公的恩德，二来与楚国争霸中原。但是他认为不能直接救援，要攻楚国交好的曹、卫。文公分三路军马"侵曹，伐卫"。楚成王果然收兵，但是楚将子玉认为当初楚王对晋文公有恩，而晋文公如今却故意攻击楚王交好的曹、卫，实在可恶，子玉悍然出兵。晋文公听先轸的意见，"不如私许曹、卫以诱之"，结果联合秦师，大败楚人于城濮。

□文苑荟萃

战国虎符

战国时王权很集中，君主都把兵权牢牢地控制在自己手里，军队的将帅都由君主任命。战国早期，军将常由相邦充任，以后则由其他高官为之。将帅非常设官，战事结束后即罢。在调动军队时，君主用虎符作为信物。虎符为铜质、虎形，分左右两半，有子母口可以相合。右符在王所，左符在将领之手。王若派人前往调动军队，就需带上右符，经过合符，军队才能听命而动。

 # 赵奢依法杀重臣

> 赵奢（生卒年不详），战国时期东方六国的八名将之一。号马服君，赵国人，与赵王室同宗，战国后期赵国名将。主要生活在赵武灵王（公元前324—前299年）到赵孝成王（公元前265—前245年）时期，享年约60岁。

赵奢是赵国的田部吏，就是负责收取农业租税的官。在收取农业租税的过程中，他总要碰到一些难啃的骨头，税收工作阻力重重。

有一次，赵奢遇到了一位难缠的超级大户。他就是平原君赵胜。这可是赵国大名鼎鼎的人物。他是赵武灵王的儿子，赵惠文王的弟弟，封于东武（今山东武城县西北），号平原君。惠文王任他为相，对他关爱备至，几乎是有求必应。

地位高，名气大，应酬花费自然逐年增加。平原君也像其他显亲权贵一样，想着法子弄钱，他弄钱的重要手法便是偷税漏税。这样，百姓就苦了。试想：田产大户的税收不上来，国家支出有定数，还有额外的各种开销，这些费用从哪里来？还不是转嫁到老百姓头上！于是名目繁多的苛捐杂税层出不穷。大户们不肯缴，百姓缴不起，专司其职的田部吏能不焦头烂额？

这年又到了收税时节，赵奢指挥手下四处征收，老百姓的钱很快收上来了，可豪族巨富像往年一样不理不睬。尤其是平原君家，悍奴刁仆，更是不可一世。收税的差役上门，不是被他们阻之门外，就是遭到他们的羞辱谩骂，一文钱也收不到。平原君家这样，其他豪门便群起效尤，赵奢的工作因而难上加难。

按通常的做法，税务官会带上点礼物，到平原君等豪门府上去拜会一次，能收就收一点，不能收就算了。还不忘说些阿谀奉承的话，这是为了结个人缘，以后升官发财好多条门路，这叫公事私办。然后再把他们不缴的税款摊到百姓头上去，自己也乘势从中捞点油水。这样做也不必怕出事，上面有平原君他们挡着呢！平原君偷税漏税，赵王不予追究，谁敢去查？这又叫私事公办。可赵奢不愿意这么做，他不甘心眼睁睁地看着百姓受坑害，一心想要把平原君的税款收上来；平原君这根骨头啃下来后，其他豪门的事就好办了。他日思夜想，最后终于想出了一个办法。

这天，赵奢亲自带队到平原君府上来收税，平原君府内管事的像往常一样，不买账，不交税。赵奢毫不留情，当即下令将他逮捕法办。赵奢一路往里走，从门外到门里，从外庭到中堂，一连抓了平原君府上九名管事。抓回去后明正法典，全数斩首示众。消息飞快报到平原君那里，平原君勃然大怒，不由分说派人将赵奢抓入府中，也要将他问斩。

赵奢毫无惧色，站在庭前，恭恭敬敬地向平原君施了一礼，然后说："微臣只是一名专司收税的小吏，依法收税是为了维护国家的利益。我确实下令杀了公子府上九名管事，实因这九名管事倚仗公子大名，公然抗拒国家法令。请公子想一想，如果我们当公差的都不维护国家法令法规的尊严，反而千方百计削弱、破坏它，那国家一定会迅速衰竭。国家衰竭，列国诸侯就会趁火打劫，发动进攻，我们赵国就会面临亡国的危险。赵国一旦遭遇不测，公子首当其冲，'皮之不存，毛将焉附'？所以微臣以为，以公子的身份和地位，更应维护国家利益，履行纳税义务。以公子在高门豪族中的巨大影响，公子如能率先纳税，其他人必能闻风而从。这样，赵国的稳固、强盛岂不指日可待？国家因公子的贤明得以稳固、强盛，从君王到庶民，谁不赞颂呢？"赵奢一席话，说得平原君无言以对。这些道理虽然浅显，但他过去从未认真思考过。如今一听，如醍醐灌顶，情不自禁地连连点头称是。于是平原君态度大变，不

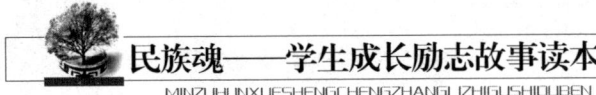

仅对赵奢以礼相待，同时立即下令，要家人如数缴纳了应缴的税款。

此后平原君对赵奢十分器重，极力向赵惠文王保荐，并将他收税的经过一五一十地讲了一遍。赵惠文王对赵奢的作为也很赞赏，便任命他总管全国赋税。走马上任的赵奢立即着手税收改革，杜绝大户的各种偷漏行为，减免百姓的苛捐杂税。不几年，赵国就出现了民众富庶、国库殷实的喜人局面。

心灵物语

赵奢依法斩杀平原君家仆，并向其陈述其中利害，使平原君明白了守法的必要性。赵奢这种不畏权势、敢于秉公执法的精神，是值得我们学习的。

史海钩沉

战国时期的战争

战国时期的兼并战争比春秋时更为激烈和频繁，规模也更大。各大国都拥有雄厚的武装力量，三晋、齐、燕各有带甲之士数十万人，秦、楚两国各有"奋击百万"。在作战时更是大量出动，秦、赵长平一役，赵出兵四十多万人；秦为了灭楚，动员兵力达六十万人之多。春秋时的大战，有时数日即告结束，而到了战国时，短则数月，长则可以"旷日持久数岁"。作战双方都想消灭对方，因此一次战役中被杀的士兵多达数万人乃至数十万人。"争城以战，杀人盈城；争野以战，杀人盈野"，已成为常见的现象。战争中消耗的物力也十分惊人。《孙子兵法》说"兴师十万，日费千金"。《战国策》说一次大战，仅以损失的兵甲、车马而言，"十年之田不能偿也"。

 # 董宣不畏权贵

> 董宣（生卒年不详）。字少平，陈留圉（今河南杞县南）人。东汉初任北海相、江夏太守、洛阳令等职。在职时不畏强暴，惩治豪族。京师豪族贵戚莫不畏之，号为"卧虎"。

公元25年，刘秀凭借武力登上皇帝宝座。不久，他翦灭群雄，定都洛阳，成了历史上有名的东汉光武皇帝。

久处民间的光武帝深知，要巩固自己的统治地位，不仅要采取利于百姓休养生息的政策，还要以法治天下，重用和支持那些敢于执法的官吏。

洛阳令董宣被人们称为"卧虎"，是个铁面无私的好官。他认为，朝廷制定的法律不能只管老百姓，豪门贵族、皇亲国戚犯法，也同样要严加制裁。

光武帝有个亲姐姐被封为湖阳公主。有一次，湖阳公主的一个家臣行凶杀人，按照法律应当抵命。董宣闻知此事，毫不犹豫地带上衙役亲自去抓凶手。恰遇那个杀了人的家臣正随湖阳公主出游。董宣见状，立即命令衙役拦住公主的车驾，捉住了凶手。

湖阳公主觉得董宣在光天化日之下这么做有损她的威严，因此十分生气地说："董宣，你这个小小的洛阳令胆大包天，竟然连我的人也敢抓！"

董宣大声回答："杀人者抵命，这是朝廷王法，你的家臣也不能例外。"他一边说着，一边把凶手押回署衙，问明罪状属实，依法斩首示众。

这一下可把湖阳公主气坏了。她进宫哭着向光武帝诉说董宣让她丢尽了面子，要好好教训教训才行。光武帝赶紧把董宣叫进宫来问明缘由。他觉得董宣依法办事，办得很对。不过为了顾全湖阳公主的面子，就想让董宣给公主磕个头算做赔礼谢罪。

岂知董宣却不肯磕这个头，内侍用劲把他的脑袋往下按，可董宣两手托地，硬是挺着脖子不让人把头按下去。

内侍也知道，光武帝这么做只是想让湖阳公主高兴一点。谁知董宣死活也不肯磕头赔礼，就向光武帝回复说："董宣的脖子很硬，按不下去。"

光武帝听后，笑着对湖阳公主说："董宣的脖子很硬，你看怎么办呢？"

湖阳公主知道光武帝是在袒护董宣，虽然心中怏怏不乐，嘴里却说："你贵为天子，还对付不了他，我还能有什么办法呢？这事就算了吧。"说完，便起身出宫去了。

湖阳公主走后，光武帝把董宣表扬了一番，还赏给他30万钱作为奖励。董宣回到县衙，把这些钱全部分给了手下的官员和衙役。

此后，董宣在光武帝的支持下依法严厉打击了那些骄横霸道的不法分子，使得贵族豪门甚至皇亲国戚也不得不收敛一些。

■心灵物语

依法办案本是天经地义的事，但一经权贵插手，事情就复杂了。董宣的可贵之处不在于能依法办案，而是能不惧权贵的干预。

□ **史海钩沉**

安知非仆

"安知非仆"的典故出自《东观汉记》。就是讲，刘秀曾言："怎么就知道这做天子的人不是我呢？"

《太平御览》卷三百九十一引《东观汉记》载：光武微时与邓晨观谶，云"刘秀当为天子"，或言"国师公刘秀当之"。光武曰："安知非仆乎？"建武三年，说故旧平生为忻乐。晨从容谓帝曰："仆竟办之。"帝大笑！

注解：光武帝还是一个普通百姓时，与姐夫邓晨到别人家去做客，当时大家看到谶书中说："刘秀当为天子。"旁边的人说：谶书所说的刘秀肯定是国师公刘秀（当时新朝的国师公刘歆恰巧刚刚改名为刘秀）。可当时在场的刘秀（即后来的光武帝）却说："怎么就知道这谶书中所说的要当天子的刘秀不是我呢？"结果引起了众人的哄笑！刘秀登基后的第三年，与邓晨一起谈及往事，邓晨从容地对光武帝说："仆竟然做到了。"光武帝听后大笑！

□ **文苑荟萃**

浑天仪

浑天仪是浑仪和浑象的总称。浑仪是测量天体球面坐标的一种仪器，而浑象是古代用来演示天象的仪表。它们是我国东汉天文学家张衡所发明的。西方的浑天仪最早由埃拉托色尼于公元前255年发明。葡萄牙国旗上画有浑仪，自马努埃一世起浑天仪成为该国之象征。

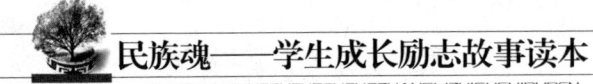
汉武帝痛斩昭平君

汉武帝刘彻（公元前156—前87年），字通，汉朝第七位皇帝。中国古代伟大的政治家、战略家、诗人、民族英雄。汉武帝是汉景帝刘启的第十个儿子。汉武帝4岁时被册立为胶东王，7岁时被册立为太子，16岁登基，在位五十四年（公元前141—前87年），建立了西汉王朝最辉煌的功业。曾用年号：建元、元光、元朔、元狩、元鼎、元封、太初、天汉、太始、征和、后元。谥号"孝武"，葬于茂陵。

汉武帝十分注意自己在下属中的言行和影响。他的女婿昭平君是隆虑公主的儿子，隆虑公主病危时，用黄金千斤、钱一千万为昭平君预先赎免了死罪。

隆虑公主死后，昭平君有恃无恐，骄纵无比，一次喝醉酒打死了夷安公主的保姆，被囚于内宫。因为他是公主的儿子，廷尉向皇帝奏请给昭平君定罪。皇帝左右的近侍都为他说情，说公主曾用钱赎了昭平君死罪，请免除死罪。汉武帝说："我妹妹快到老年时才生下这么个儿子，临死时把他托付给我。"说着不禁流泪叹息。过了好一会儿又说："法令是先帝制定的，如果因为同情妹妹而违背先帝的法令，我死后有什么面目进先祖的祠庙呢？也对不起天下的百姓啊！"于是批准了廷尉的奏请，给昭平君应得的惩罚；事后他自己却哀痛得不能自已，周围的人看了也很难过。

■心灵物语

作为手中握有至高无上权力的皇上，法律是他制定的，在法律面前，他能做到"王子犯法，与庶民同罪"，这对于古代的君王来说，也是个人品德达到较高程度的表现。

■史海钩沉

察举制

察举制是汉代选拔官吏的一种制度，也是一种由下而上推选人才为官的制度，是两汉选用官吏最主要的途径之一。

公元前196年，汉高祖刘邦下求贤诏，令从郡国推举有治国才能的"贤士大夫"，开汉代察举制度的先河。而把察举作为选官的一项制度是从文帝开始的。文帝前元二年（公元前178）下诏"举贤良方正能直言极谏者"；十五年又诏"诸侯王、公卿、郡守举贤良能直言极谏者"（《汉书·文帝纪》）。汉武帝进一步把察举发展为一种比较完备的选官制度，一是对于察举人才的标准有了明确的新规定，凡儒家以外的各家均不得举，开创了以儒术取士的标准；二是取士包括德行、学问、法令、谋略四个方面的内容；三是察举分岁举和诏举两类。岁举为常科，每年推举，科目有孝廉和秀才，孝廉始为孝与廉两科，后来连称为一科。

隋文帝依法惩皇子

> 杨坚（541—604年），隋朝开国皇帝。弘农郡华阴（今陕西省华阴市）人。汉太尉杨震十四世孙。他在位期间成功地统一了分裂百年的中国，开创先进的选官制度，发展文化经济，使得中国成为盛世之国。文帝在位期间，隋朝疆域辽阔，人口达到700余万户，是人类历史上农耕文明的巅峰时期。杨坚是西方人眼中最伟大的中国皇帝，被尊为"圣人可汗"。

隋文帝杨坚登上皇帝的宝座后，常常教育自己的儿子要勤政爱民，注意节俭。他还告诫说："隋朝的国法任何人都必须遵守，不管是谁犯了法，都要受到惩处。"

杨俊是隋文帝的三皇子。他在覆灭位于江南的陈朝、结束中国南北朝分裂局面的过程中立了大功，被封为秦王。杨俊觉得自己既是功臣，又是皇胄，国法是管不到自己头上的。因此，他和手下人经常仗势欺人，霸占田产，巧取豪夺，逼得许多平民百姓和小官吏倾家荡产。

隋文帝听说三皇子杨俊干了许多违法之事，勃然大怒。开始时他出于父子私情，只是严惩了杨俊的几个手下，以为这样可以使杨俊有所收敛。岂知三皇子杨俊恶习难改，依然我行我素，而且竟仿照皇宫的模式营造王府，把天下的奇珍异宝据为己有，还从民间搜罗了大量的美女，供他寻欢作乐。

隋文帝看见杨俊如此奢侈腐化，再也无法容忍了。他知道如果再庇护杨俊，就会使群臣效尤。而且自古以来，还没有哪个挥霍无度的朝代会长治久安的。正是出于这个考虑，隋文帝断然下令削去杨俊的王号和官职，把他软禁起来。

这件事在朝中引起很大震动。有个叫刘升的将军以为这是隋文帝一时气愤之举，气一平就没事了。于是他上了一道奏折说："三皇子功劳很大，现在不过是多花了点钱把王府修整了一下，也算不得什么大错，教育教育就算了。"隋文帝批示说："国法不可违，皇子犯法也不能例外。"刘升又进殿跪下替三皇子求情，隋文帝还没等刘升开口说话，就拂袖而去。

几天以后，朝廷重臣杨素也来劝隋文帝对三皇子手下留情。隋文帝说："咱们隋朝没有'皇子律'，皇子犯法，与民同罪。我倒是想赦免他，可是国法饶不了他啊！"杨素听罢，就不好再开口说话了。

三皇子杨俊眼见父皇拒绝了大臣们的求情，知道死罪不能免。他又急又怕，吃不下，睡不稳，很快就病倒了。他在病中亲自给父皇写了份认罪书，请求从轻发落。隋文帝对送认罪书的人说："你回去告诉杨俊，他办的事国法难容。我惩处他，我心里也很难过，但只有这么做，才能使子孙后代有所警醒，不敢再胡作非为。不然的话，隋朝的天下很快就断送了。"听了这话，杨俊的病情更沉重了。他几天滴水不进，不久就病死了。

杨俊死后，他的手下想给他办丧事，在杨俊墓前立块石碑，但隋文帝说："立石碑有什么用？要想留名，在史书里把他的事写上几笔就可以了。"随后，隋文帝又吩咐说："把杨俊的府第充公，奢侈华丽的装饰全部毁掉。"

□心灵物语

隋文帝重国法轻亲情，坚持"皇子犯法，与民同罪"，为江山社稷重法灭亲，不愧为开创隋朝的一代明君。

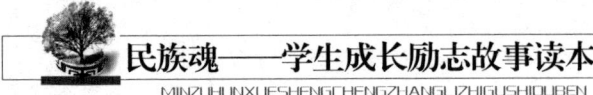
■史海钩沉

隋文帝确立三省六部制

隋文帝杨坚登基后，废除了不合时宜的北周六官（天、地、春、秋、冬、夏）制。北周的官僚体制基本上是效仿原来西周时期的《周官》（即《周礼》）的形式，很原始、混乱。六官制称谓复杂，职掌不明，办事效率低下。杨坚恢复了汉魏时期的体制，基本上确立了三省六部制度，在中央设立三师、三公、五省。三师、三公只是一种荣誉虚衔，掌握政权的是五省，即内侍省、秘书省、门下省、内史省和尚书省。内侍省、秘书省在国家政务中不起重要作用。内侍省是宫廷的宦官机构，管理宫中事务；秘书省掌管书籍历法，事务较少。起作用的是其他三省，内史省、门下省、尚书省都是最高政务机构。以尚书令、纳言、内史令为长官，行使宰相职能，辅助皇帝处理全国事务。内史省负责决策，门下省负责审议，尚书省负责执行。这就是后来被唐朝继承的三省制。

■文苑荟萃

输籍定样

输籍定样又称"输籍法"，是中国隋朝制定各户等级和纳税标准的办法。开皇五年（585年）隋文帝采纳高颎建议，规定每年正月五日县令巡查，令百姓五党或三党为一团，根据标准定户等高低，重新规定应纳税额，以防止人民逃税和抑制豪强地主占有劳动人口，造成税负不合理现象。隋朝通过推行"输籍法"，使大量不承担国家赋役的隐藏户口从豪强之家分离出来，成为国家编户，输税供役，为国家起到了扩充税源、增加财政收入的作用。

 # 狄仁杰断案廉明

> 狄仁杰（630—700年），字怀英，汉族。唐代并州太原（今山西省太原南郊区）人，唐（武周）时杰出的政治家，武则天当政时期为宰相。

唐高宗李治在位时，任用过一位著名的法官，他就是山西太原人狄仁杰。狄仁杰一向以刚毅正直、执法严明和廉正无私而著称。在他任法官期间，一年曾处理积压案件一万七千多件，因办事公正，人人信服。

守卫唐太宗昭陵的几个飞骑军校尉在当地倚仗权势，任意欺凌百姓，抢劫钱财，侮辱老人，打骂儿童。当地老百姓对此气愤万分，可是又拿他们没办法，因此每当这批人出来，百姓都唯恐躲避不及。这件事不久就传到了驻守在当地的将军中郎将权善才那里。权善才可气坏了，马上下令把这几个人抓起来，痛打了他们一顿，狠狠地教训了一番。从此，这几个人对权善才怀恨在心，总想找机会报复。

正巧有一天，权善才在驻地的山边伐树，没留意误砍了昭陵的几棵柏树。得知了这件事，这伙人乐坏了，心想机会终于来了。于是，他们马上把这事加油添醋地报告给了唐高宗。唐高宗听后大怒，心想，有人竟敢砍自己父亲陵墓的树。他马上找来狄仁杰，对这位大法官怒气冲冲地说："马上给我把砍树的人抓起来，格杀勿论！"还点名首先要处死权善才。

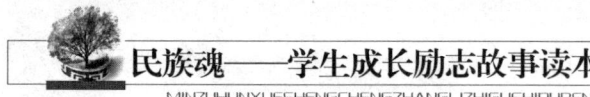

　　狄仁杰刚接到这个案子也很吃惊，马上进行了详细的调查。经过人证物证的反复核实，狄仁杰认为，权善才确实是误砍了树，按照法律，应该免官，还没到杀头的程度。很快，狄仁杰就把自己的调查结果和根据法律对权善才的处理意见告诉了唐高宗。高宗本以为权善才已被处死，没想到狄仁杰根本没杀他，所以没等狄仁杰讲完话就勃然大怒，厉声斥责说："权善才胆大包天，竟然砍了皇陵的树。这是目无皇权，大逆不道，我岂能容他？如果不处死他，我不是要承担不孝的罪名吗？"

　　狄仁杰受到高宗的呵斥，看到皇帝震怒，心里一阵紧张，头上的汗都要下来了。可是他并没有被吓倒，又接着说道："朝廷的法律是陛下您制定的，做为臣子，我有责任维护法律。如果陛下您杀了权善才，就破坏了自己制定的法律，那么其他人再违反了法律该怎么办呢？所以，我不能执行您的命令杀死权善才。"

　　这时，在朝的文武百官看到皇帝发这么大的火，狄仁杰还敢振振有词地辩解，都为他捏了一把汗，真怕他触怒了高宗，引来杀身之祸，所以纷纷示意他不要再说了。可是狄仁杰并没有停止，又继续说："当初汉文帝时，曾有人盗窃高祖庙中的玉环，文帝要治以诛灭九族之罪，廷尉张释之当面净谏。最后汉文帝采纳了张释之的建议，处以盗窃犯以弃市之罪，没有诛连族人。如今陛下不采纳臣的建议，臣即使死了，也羞于在九泉之下与张释之相见。再说，法律是天下人的法律，是广大老百姓依据的行为准则，没犯死罪的人被您处死的话，那不是失信于民吗？要是有人盗了皇陵上的土，陛下用什么办法来加以重罚呢？我之所以不敢奉行您的旨意去杀权善才，是不想使您蒙受不道德的恶名啊！"

　　听完狄仁杰这番语重心长的劝谏，唐高宗半天没说出话来。沉思了一会儿，高宗的怒气也渐渐消了。仔细回味狄仁杰的话，高宗终于领悟了其中的道理，于是便收回了成命，依法免除了权善才的官职。这件事在朝廷内外引起了震动，大家都佩服狄仁杰临危不惧、舍身护法的行为，对唐高宗能听从正确的建议，改变初衷的胸怀也纷纷赞扬。通过这件事，唐高宗更喜欢狄仁杰了，还授予他侍御史的官职。

□心灵物语

狄仁杰清廉刚正不仅表现为自己守法，不奢侈腐败，还表现为当皇帝违反法律做出错事时，敢于挺身而出，不畏强权，维护法律的尊严。本故事中的狄仁杰就是这样一位清廉刚正、秉直不阿的千古名臣。

文苑荟萃

初唐四杰

"初唐四杰"是指我国唐代初期四位文学家，他们是王勃、杨炯、卢照邻、骆宾王，简称"王杨卢骆"。

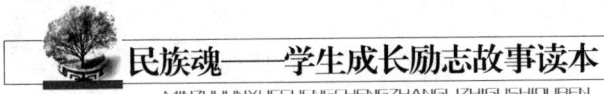

刘仁瞻挥泪斩亲子

刘仁瞻（900—957年），字守惠。彭城（今江苏省徐州市）人。五代十国南唐大臣。他以骁勇名于当世。曾任吴右监门卫将军。历任黄州（今湖北省黄冈市）、袁州（今江西省宜春市）刺史。他治军严明，将士听命。李璟袭位后，使掌亲军。在任寿州（今安徽省寿县）节度使时，后周来攻，他坚持固守，终因营田副使孙羽等献城，而自己又重病在身，不得已而降。

　　自古以来，因法与情、公与私纠缠在一起，而徇情枉法、徇私枉法的事特别多，所以，不徇私情是十分难能可贵的品德。

　　隋朝时，朝廷准备选拔一位有才能的人任华阴长吏，丞相杨素推荐荣毗担任此职。杨素的田地住宅多在华阴，他的手下放纵恣肆，荣毗一概不饶。杨素对荣毗发牢骚："我举荐你，正好用来惩罚我自己。"这是个执法不徇私情的例子。

　　下面要说的，是南唐时候的一件事儿，执法的对象是自己的儿子，给的处分是腰斩，这种大义灭亲的举动就更难做到了。

　　一次，南唐的寿春城被后周的军队围攻，时间已长达一年。城虽未破，但城内的粮食已经吃完，困守孤城，和等死一样。于是，守城将领刘仁瞻请求上级准许让另一位将军边镐守城，自己率队出城，与后周军队决一死战。

这个建议被齐王李景达否定了，还把刘仁瞻臭骂了一顿，刘仁瞻气得病倒了。

刘仁瞻的小儿子刘崇谏见父亲受了委屈，也非常生气，他在夜里划了条小船要去淮北投敌。不巧，半路上被一名小军官抓住，送了回来。

刘仁瞻一听此事，更是气得七窍生烟，为明军纪，下令腰斩自己的小儿子。

刘仁瞻治军很严，没有人敢求情。只有监军周廷构在中门大哭，恳求不要杀刘崇谏。刘仁瞻置之不理。周廷构又派人向刘夫人求救，刘夫人说："我们做父母的对小儿子崇谏不是不爱惜，但是执掌军法就不能徇私情。如果饶恕了崇谏，那就对不起国家和百姓了，我和刘将军哪还有何脸面再见将士们呢？"

就这样，刘仁瞻忍痛杀了自己的小儿子，将士们无不感动得流泪。

□心灵物语

治军打仗如果没有铁的纪律，即使有百万之众，也只是一盘散沙。所谓"军令如山"，刘仁瞻就是深刻地认识到了该问题的重要性，于是忍痛杀掉了自己的儿子，一举将法不容情诠释到了极致，其精神感动着后人。

□史海钩沉

周世宗与刘仁瞻

显德二年（955年），周世宗亲征南唐，战略目标是夺取南唐在淮南的领土，将其势力赶到长江以南。周军首先进攻寿州（今安徽寿县），守将乃五代名将刘仁瞻，周军始终无法攻克。周世宗派人招降刘仁瞻，刘仁瞻坚决固守不降。但南唐援军却很不争气，均被周军击败。

南唐的援军都被打败，寿州成为孤城，但刘仁瞻坚守不降，周世宗亲

临一线指挥。刘仁瞻见到周世宗伞盖，挽起强弓射去，射到周世宗面前仅数步。左右连忙请周世宗退避，但周世宗毫不畏惧，竟然移步到刚才刘仁瞻射中处大喊道："刘将军，刚才您没射中，现在我站近一点儿，请再射！"刘仁瞻也不客气，再一箭射去，竟然又只差数步！周世宗大笑道："刘将军请继续射，箭射完了朕再给您送！"刘仁瞻大惊道："难道他果然是真命天子？看来此城必破，我只有以死报国了！"说罢掷弓于地，仰天长啸。虽然刘仁瞻已经明白天下大势已不属南唐，但仍然忠于职守，周军始终无法攻克寿州。

□文苑荟萃

新五代史

《新五代史》原名《五代史记》，是唐代设馆修史以后唯一的私修正史。撰者欧阳修（1007—1072 年）。

在已有了薛居正等主编的五代史以后，欧阳修为什么别出心裁，重又编出一部体例和写法不一样的新的五代史呢？《宋史·欧阳修传》中对此作了简约的说明："自撰《五代史记》，法严词约，多取《春秋》遗旨。"所谓"自撰"，是说这部史书不是奉朝廷之意，而是私家所撰。而"《春秋》遗旨"即《春秋》笔法。欧阳修自己说："呜呼，五代之乱极矣！""当此之时，臣弑其君，子弑其父，而缙绅之士安其禄而立其朝，充然无复廉耻之色者皆是也。"他作史的目的，正是为了抨击这些他认为没有"廉耻"的现象，达到孔子所说的"《春秋》作而乱臣贼子惧"的目的。

包公依律大义灭亲

包拯（999—1062年），字希仁，庐州合肥（今安徽合肥）人，汉族。出身于官僚家庭。天圣朝进士。累迁监察御史，他建议朝廷练兵选将、充实边备。奉使契丹还，历任三司户部判官，京东、陕西、河北路转运使。入朝担任三司户部副使。改知谏院，多次论劾权幸大臣。授龙图阁直学士、河北都转运使，移知瀛、扬诸州，再召入朝，历权知开封府、权御史中丞、三司使等职。嘉祐六年（1061年），任枢密副使。后卒于位，谥号"孝肃"。包拯做官以断狱英明刚直而著称于世。知庐州时，执法不避亲党。在开封时，开官府正门，使讼者得以直至堂前自诉曲直，杜绝奸吏。立朝刚毅，贵戚、宦官为之敛手，京师有"关节不到，有阎罗包老"之语。后世则把他当做清官的化身——包青天。在民间信仰中，包公是阴间的审判官之一。

宋真宗咸平二年（999年），包公出生在庐州合肥县（在今安徽合肥市）一个官僚家里。父亲包令仪，字肃之，官居朝散大夫、虞部员外郎，负责管理皇帝的林苑。

包公从小不讲究吃穿，严遵父教，刻苦读书。他虽在乡试中名列前茅，但不骄不懈，谦虚谨慎，受到师友们的赞扬。

宋仁宗天圣五年（1027年），包公辞别年老多病的父母，到京师开封（今河南开封市）参加科举考试，一举考中进士。

考中进士后，包公曾在朝中做官，也曾做过几任地方官。后来，包

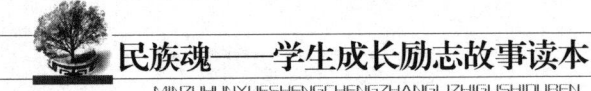
公被调往庐州（今安徽合肥市）担任知州。

包公听说要回故乡了，心里十分高兴。他急忙交代完公务，就和夫人董氏、老家人包兴等一起回庐州上任去了。

刚一到庐州，包公的亲戚朋友和乡亲们就来看望他，包公一一接待了他们。

老百姓听说包公做了庐州知州，无不额手相庆。他们想："救星来了，这下可好了，总算有了为民做主的父母官了。那些贪官污吏、土豪劣绅再也不敢欺侮我们了。"

包公上任不久，就听说庐州府衙所处的合肥县告状的比以前猛增，感到很奇怪，于是便到合肥县衙去了解情况。

包公到了合肥县衙，亲自审阅老百姓的诉状，发现有告他亲友的，尤其是告他舅舅的特别多。诉状上说他舅舅联络乡绅，抢占民田，横行乡里，欺压百姓，使百姓不得安居乐业。

包公看过之后非常气愤，问县令道："这些案件你为何不审理？"

县令见是告包公舅舅的案件，便说："那些告状的都是无理取闹，我已经命人把他们打回去，现在没人来告了。"

包公把脸一沉，问道："你怎么知道他们是无理取闹呢？你凭什么随便打人？"

县令一时摸不清包公心里是怎么想的，就说："包大人在这里当知州，他们专告大人的舅舅，岂不是无理取闹？"

包公问道："我舅舅横行乡里、欺压百姓可是事实？"

县令想："做官的哪有不护着自己亲人的？"于是笑着对包公说："包大人，这事下官尚不清楚。不过，即使是真的，为了大人的面子，下官也不敢……"

包公把眼一瞪，满脸怒容，命令道："你身为县令，就应该为民做主，可你却不查明案情就责打告状的百姓。你这样做，按理应该撤职查办。念你是初犯，我今天暂且饶了你。不过，这些案件一定要抓紧审理！"

　　县令心里很矛盾："这些案件怎么审理呢？如果依法办案，包大人的舅舅早该逮捕归案了。但是，谁知道这样做是福是祸呢？将来包大人要是在其他事情上找茬儿，我怎么吃得消啊？不审理吧，眼下包大人又这么严厉，一定要让我秉公执法。"他左思右想，顾虑重重，于是便哀求包公道："包大人，这些案件就算了吧，以后我一定秉公审案，严肃执法，望大人恕罪。"说到这里，他扑通一声跪了下来。

　　包公见县令还是拗不过情面，心里不禁一阵厌恶。他把袍袖用力一甩，厉声说道："限你三天之内一定要将这些案件报到州里，否则唯你是问！"说罢，包公转身便离开了县衙。

　　县令不敢怠慢，第二天就将与包公亲友有关的案件都上报到州里了。

　　包公接到案件，立即派两个捕快去捉拿舅舅归案。舅舅见捕快前来捉拿他，跳上前去就给捕快一人一个耳光，骂道："瞎了你们的狗眼！你们知道我是谁吗？我就是你们庐州知州包大人的舅舅，谁敢捉拿我！"

　　两个捕快急忙跪倒在地，连声说："我们不是县衙的，我们是包大人手下的。"

　　舅舅怀疑自己听错了，问道："怎么，是包拯派你们来捉拿我？"

　　两个捕快交换一下眼色，满脸赔笑，连声说："不，不，不！我们不是来捉拿你老人家的，我们是奉了包大人的命令前来请你老人家过府叙谈的。"

　　舅舅又问道："此话可是真的？"

　　两个捕快又互相看了看，然后异口同声地说："绝对是真的！"

　　舅舅豪横地说："不管是真是假，舅爷我也不怕。我外甥是知州，量谁也不敢把我怎么样。你们两个快起来，舅爷就跟你们走一趟。"

　　舅舅坐轿来到府衙，一个捕快跑去禀明包公，包公命他们先把舅舅关押起来。舅舅一见要关押他，立即大吵大闹，不肯随捕快走。他几次

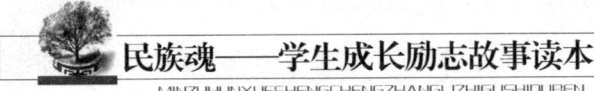

喊着要见包公，但包公一直不见他。

夜里，包公一直放不下这件事，考虑着如何处理舅舅。夫人董氏也为舅舅的事焦虑不安。夜已经三更了，两人还翻来覆去睡不着。

董夫人问包公说："舅舅犯了法，你就不能讲点情面吗？"

包公没有吭声，只是叹了口气。

董夫人又问："今天舅家表弟前来讲情，你说什么也不答应。咱们刚回来不久，你就这样做，人家会不会说你无情无义呀？"

包公解释说："夫人，不是我无情无义，是舅舅太不自爱了。我身为百姓父母官，坐镇庐州，应该秉公执法，不徇私情。如果舅舅犯法可以免刑，别人犯法又怎么办呢？法律无情，六亲不认。你跟我这么多年了，难道还不懂得这个道理吗？"

董夫人说："话虽是这么说，但你就不能法外开恩，宽容一次吗？"

包公耐着性子说："夫人有所不知，自从我做官后，亲友借我的名声横行乡里。尤其是舅舅，他联络四乡豪绅为非作歹，百姓怨声载道，县官又不敢管。我若宽容舅舅，这庐州将会变成什么样子？我又如何在这里做官啊？"

夫人劝道："要不然就缓几天再审理，咱好想想还有没有两全其美的办法。"

包公一听急了，说道："夫人，你可不要再糊涂了，就是缓上一百天，也不会有什么好办法。为了尽快搞好合肥县的治安，我明天就升堂审理。"

董夫人明知讲情也没用，但舅舅总归是亲人，表弟又亲自来托她，怎能不抱着一线希望劝包公宽容宽容呢？她见包公没有一点讲情的余地，况且又牵扯着合肥县的治安，于是就不再多说了。

第二天早饭后，包公穿戴好，正准备升堂审案，他的儿媳崔氏急急忙忙地走了进来，跪在包公面前，含着眼泪说："公爹在上，容儿媳敬禀：舅爷犯了法，理应治罪。但自从孩子他父亲去世之后，家中一切事务全由舅爷家照管。若不是舅爷家，我这么一个年轻寡妇如何度日啊？公爹如果审理舅爷，绳之以法，儿媳于心不忍，望公爹开恩。"

崔氏说着，忍不住抽抽搭搭地哭起来。

包公见儿媳哭得那样伤心，也不禁难过起来。

崔氏是他的儿媳，而且是他晚辈中唯一的亲人了。包公在瀛州做官时，他的独生子不幸死在潭州（今湖南长沙）任上，儿媳崔氏只得怀抱幼小的孙子回到庐州老家。孤儿寡母无法度日，多亏舅舅家帮她照管家务。

包公在扬州做官时，他唯一的孙子又不幸夭折，只剩下一个年轻的崔氏，日子就更加不好过了。她母亲劝她回荆州（今湖北）老家改嫁，但为了包家的名声，她誓死守节，不再嫁人。这时，又是舅舅家为她支撑门户，一直到今天。

包公和这个舅舅年纪相仿，小时候常在一起玩耍，感情也一直很好。

包公的父母去世后，包公回家守孝，舅舅家又多方照料他，一直到他外出做官。

几十年来，舅舅虽然做了些危害百姓的事，但也并无太大的民愤。自从包公官做大了，舅舅在其他乡绅的怂恿下，才变得无法无天，仗势欺人了。

想到这里，包公的心情十分复杂。包公望了望那楚楚可怜的贤儿媳，急忙叫她站起来，让董夫人和她一起去后堂。

崔氏见包公没有讲情的余地，就说："公爹如果不宽恕舅爷，就让儿媳代舅爷领罪吧！"

包公说："舅爷对你好，对我也好，这些咱们都应该记住。但他犯了法，我如果不秉公执法，老百姓会怎么想呢？其他官员又怎能为民申冤呢？至于你要代舅爷领罪，我向来不主张这么做。法不罚无罪之人，何人犯法何人当。儿媳，不要再说了，快和你母亲歇息去吧。"

崔氏还想哀求，见包公铁面无私，定要秉公执法，也无可奈何。

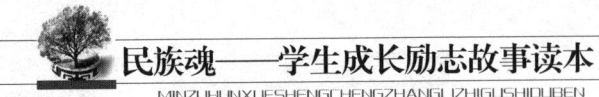
包公安顿好董夫人和儿媳，来到大堂。在一片威武声中，升堂审案。然后命衙役将舅舅带上大堂。

舅舅来到大堂，一脸怒气。他见包公坐在堂上，冲上去就要打，衙役急忙拉住了他。他立而不跪，昂首挺胸。包公问罪，他不但不招，反而大闹公堂，骂包公是个无情无义的小人。

包公一听，勃然大怒，猛拍惊堂木，厉声喝道："大胆罪犯，自己不认罪，反敢辱骂本官。来人，拉下去重打四十大板！"

包公一声令下，衙役们上前将舅舅拉下大堂，打起板子来。听见堂下噼哩啪啦的板子声，包公坐在大堂上，心里不禁隐隐作痛。

在包公坐堂审问舅舅的时候，与舅舅一起横行霸道的乡绅都在府衙门外等候消息，探听动静。他们都想看一看包公究竟是怎样处置他舅舅的。

当他们听说包公重打舅舅时，不禁面面相觑，心里害怕起来。他们交头接耳地说："原以为包黑子会袒护我们呢，想不到他竟这样无情无义。他对舅舅尚且如此，何况对我们了！"说完，一个个灰溜溜地逃走了。

当天，包公便按朝廷律法处理了舅舅。

包公亲自审理舅舅的消息不胫而走，在庐州震动很大。官员们都敬重包公秉公执法，铁面无私；土豪劣绅怕挨那四十大板，更怕坐牢判刑，再也不敢为非作歹了；合肥县令亲自到州衙向包公赔罪，并感谢他把合肥县治理得井然有序；老百姓欢天喜地，都夸包公是一个秉公执法、为民除害的青天大老爷。

心灵物语

包拯铁面无私，执法不顾亲情，在法与情、公与私面前泾渭分明，不愧为千古传颂、为民做主的"包青天"！

□史海钩沉

包拯以魏徵为师

皇祐二年（1050年），包拯升任天章馈待制，担任了谏官的职务。一上任，包拯就以唐代著名谏官魏徵为师，精心选定魏徵的三篇奏议，用蝇头小楷抄写了一遍，呈奏宋仁宗，希望皇帝能够从中吸取经验教训。

包拯在做谏官时，对朝政发表过许多意见，让皇帝在许多重大的决策中避免了严重的失误。包拯对于自己的这一段经历曾做过十六字的总结："披肝沥胆，冒犯威严，不知忌讳，不避怨仇。"

□文苑荟萃

包公墓

包公墓全称包孝肃公墓园，位于合肥市内包河南畔林区，与包公祠紧紧相连。整座墓园面积1200平方米。包拯病逝于北宋嘉祐七年（1062年），次年由开封护丧归葬在今合肥市东郊大兴集。1973年建于此，1988年竣工。墓园内迁安了包拯及其夫人、子孙的遗骨。包公曾言："后世子孙仕宦有犯赃者，不得放归本家，死不得葬大茔中。不从吾志，非吾子孙也。"故有"不肖子孙，不得入墓"的传说。墓园由主墓区、附墓区和管理区组成。主墓呈"覆斗形"，墓室内安放有包拯墓志铭和2.4米长的金丝楠木棺，棺内安放包拯遗骨。北侧是附墓区，有包拯夫人董氏及其子、媳等墓5座。整个墓园庄重肃穆，寓包拯秉性峭直、刚毅之意。主要建筑上置有全国著名书法家赵朴初、刘海粟、启功、溥杰等撰书的楹联。

钱若水依法平错案

> 钱若水（960—1003年），字濩成。河南新安人。宋朝雍熙二年（985年）进士。至道初年，以右请谏议大夫同知枢密院事。真宗时又升任工部侍郎，并以本官充集贤院学士、判院事。司马光在《涑水纪闻》中记载了他在任同州推官（即知州的僚属和助手）时顶着上司的压力平息冤案的事情。

钱若水任同州推官时，他的上司是一个心胸狭隘、性情急躁的人，处理问题总是主观臆断，经常发生错误。每次遇到这种情况，钱若水总是同上司极力争辩，但总是得不到好的结果。

有一次，知州处理错一个案子，钱若水发现问题后向知州提出来，但知州不采纳他的正确意见。钱若水就对知州说："我们少不了又要陪着你挨罚。"后来，案件果然被驳回，同此案有关的官员均受到了处罚。知州虽然当时感到惭愧并对他们表示歉意，但事后依然如故。

一天，一个富户女奴逃亡，不知去向。女奴的父母到州里告状，知州命录事参军办理此案。录事参军过去曾向这个富户借钱被拒绝，早对富户怀恨在心。在审案过程中，就武断地说是富户将女奴害死，弃尸河中，尸体随水漂走了，无法查找。于是，富户父子数人有的被定为主犯，有的被定为主谋，按律都应处以死刑。富户父子均不认罪，录事参军就施以重刑，最后富户父子被屈打成招，承认了罪行。定案后，录事参军将案子上报知州，知州召集有关官员进行复审，多数人认为此案处理得正确，表示支持，只有钱若水对案件产生了怀疑。但是，面对一致同意的众多官员，又不便提出反对意见，于是就把案子压下来了。录事参军知道后，来到钱若水的办公处所，责骂他说："你是否接受了富户的贿赂，想开脱他们的死罪？"钱若水含笑表示歉意，说："如今有好几个人因这起案子要判处死刑，怎么能不再仔细审核一下他们的供词呢？"于是他把案件扣了将近十天，中间尽管知州多次催他，他也没有把案子退回，上上下下都责怪他。

　　一天，钱若水避开众人来见知州，他说："我之所以扣发案卷，是因为在暗访女奴的下落，现在女奴已经找到了。"知州惊讶地问道："在哪里？"钱若水告诉知州，并定下了计策。

　　第二天，钱若水秘密地把女奴送到了知州那里，让她藏在竹帘后面，然后把女奴的父母找来，问道："如果你们看到自己的女儿，还能认识她吗？"女奴的父母回答道："自己的女儿，哪有不认识的道理？"知州把藏在竹帘后面的女奴叫出来，女奴的父母一看就哭了，并对知州说："她正是我们的女儿。"知州传令把富户父子从狱中提出来，全部释放。富户父子哭着对知州说："如果没有您的帮助，我们就要灭族了。"知州对他们说："不是我，是推官钱若水帮助了你们。"富户父子来到了钱若水办公的地方要求见面致谢，钱若水却闭门不见，并派人传出话来，说："女奴是知州找回来的，我没有参与其事。"富户父子不能见到钱若水，就绕墙而哭，回家后把自己的家产捐赠给寺庙，为钱若水祈福。

　　由于这起事关数人性命的冤案得到昭雪，知州想就此事报请皇帝为钱若水论功求赏。钱若水坚决拒绝，他说："我只求案件得到解决，人不蒙冤而死，论功请赏不是我的本意。如果朝廷把此事归功于我，那么将如何处理录事参军呢？"知州听后，感慨地说："这样高尚的情操，

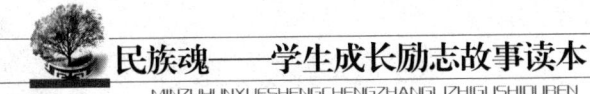

是人们不可企及的。"录事参军也向钱若水叩头谢罪。钱若水大度地说："案情复杂，难以料知，偶有过失，何必谢罪。"不久，宋太宗知道了这件事，对钱若水越级提拔，不到半年，便由幕职提升为知制诰，两年后被任命为枢密副使。

■心灵物语

断案不能凭借自己的主观臆断，要讲究法律、证据。钱若水严格要求办案质量，实际上也是对自己严格要求，因为他知道国家的律法高于一切，能做到不冤枉一个好人，也不放过一个坏人，也是执法者的最高境界了！

■史海钩沉

高梁河之战

太宗为夺回五代时后晋石敬瑭割给契丹的燕云十六州（今北京至山西大同等地区），于太平兴国四年五月平北汉后，未经休整和准备，即转兵攻辽，企图乘其不备，一举夺取幽州。宋军于二十二日回师河北，二十九日大军云集镇州（今河北正定）。六月十三日，宋太宗率军数十万兼程北上。辽北院大王耶律奚底为阻止宋军北进，率军迎战于沙河（今河北易水），被宋军击败。二十三日，宋军兵临幽州城下。幽州城坚垒固，方圆一万五千余米，由辽南京留守韩德让等率8万士兵驻守。辽南院大王耶律斜轸军屯于得胜口（今北京昌平西北），得知奚底军败，为避宋军锋锐，遂以奚底之青色军旗置于得胜口诱敌。宋军轻敌冒进，斜轸设伏兵袭其后，宋军受挫。二十五日，宋军以少数兵力与斜轸军相持于清沙河（今北京清河地区），集中主力四面围攻幽州城。在宋军强大攻势下，城中人心浮动，辽铁林都指挥使李札卢存率部出降，城中更加不稳。时屯兵燕山后的辽将耶律学古率兵赶来救援，城中稍安。宋军攻城不下，太宗于二十六日领兵转至城北打斜轸军，激战竟日，斜轸军败退。三十日，宋军再次攻城，三百余人一度登上城头，被学古军击退。宋军困兵坚城之下，将士倦怠厌战。

六月三十日，辽景宗耶律贤得知幽州被困，急令援北汉回师途中的耶律沙往救，又命耶律休哥率五院精骑增援。七月初六，耶律沙军先抵幽州城外，与宋军战于高梁河畔，被宋军击败。宋军乘势追击，时近黄昏，休哥军人持两炬突然由间道而至，宋军不备，休哥与斜轸合军分左右两翼向宋军猛烈反击，城中的耶律学古军闻援军至，亦开城出击。宋军三面受敌，顿时大乱，全线溃退，死者万余人，宋太宗乘驴车逃走。辽军追至涿州（今河北涿市）乃止。

□ **文苑荟萃**

济源县裴公亭

钱若水

裴相亭成未退身，空烦舞袖与歌尘。
至今亭下萧萧竹，似对秋风怨主人。

戚继光按律责罚娘舅

> 戚继光（1528—1588年），字元敬，号南塘，晚号孟诸。汉族。山东登州人。明代著名抗倭将领、军事家，与俞大猷齐名。率军之日于浙、闽、粤沿海诸地抗击来犯倭寇，历十余年，大小八十余战，终于扫平倭寇之患，被誉为民族英雄，卒谥"武毅"。世人称其带领的军队为"戚家军"。

　　明朝嘉靖年间，被称做"倭寇"的日本海盗勾结中国的土豪奸商，经常侵扰山东和闽浙沿海，沿海百姓损失惨重。为了保国安民，年仅26岁就升任山东都指挥佥事（相当于地方军区参谋长）的戚继光明确宣布"封侯非我意，但愿海波平"，发誓要担负起抗倭重任。

　　戚继光是在嘉靖三十二年（公元1553年）到职管事的。当时，明朝军队已很腐败。在山东各卫所，领饷发粮人人有份，调遣使用无人应声。军中将士懒散成风，纪律松松垮垮。显然，依靠这样一支缺乏战斗力的军队是不能战胜倭寇的。

　　为了改变这种状况，戚继光到职后办的头一件大事就是整顿军纪。

　　起初，尽管戚继光公布了各项纪律条规，但许多将士觉得他年纪轻瞧不起他，所以违犯军纪的事情还是经常发生。后来，戚继光抓住几个典型狠狠处罚之后，将士们便不敢再以身试法了。

　　但是，戚继光的亲娘舅以长辈自居，并没有把戚继光整顿军纪放在心上。有一次，他私自出营喝酒，违反军纪，造成了很恶劣的影响。

　　亲娘舅违反军纪怎么办？军中将士当面缄口不言，可在背后却议论纷纷。

有人说："戚将军执法严明，是不会袒护亲娘舅的。"

也有人说："戚将军对咱们管得严，对亲娘舅可不敢来硬的。"

还有的人说："如果这一次戚将军不惩办他的娘舅，以后对咱们也不敢要求得太严格了。"

……

其实，戚继光这时心里也很矛盾。他想，娘舅违反军纪，处分吧，别人会说自己目无长辈，无情无义；不处分吧，人心不服，这整顿军纪的事就进行不下去了。他经过再三考虑，觉得国事应当重于家事，军纪应当高于家规。先执行军纪，再补上家规，就可以公私兼顾，做到两全其美了。

于是，戚继光立即召开大会，当着将士们的面，严厉地审问娘舅，并根据有关的纪律条规，给了娘舅应有的处分。戚继光这个不徇私情的举动，赢得了将士们的赞赏。

当天晚上，戚继光又以外甥的身份把娘舅请到家里，恭恭敬敬地赔了礼，然后十分恳切地说："您是我的亲娘舅，论辈分，我应该尊敬您，不能使您失面子；但您又是军人，是我的部下，您违反了军纪如果不处分，我就会号令不行，整顿军纪也会成为一句空话。您知道军队要打胜仗不能没有纪律，讲纪律就不能有私情。我的这番苦心，您老人家要谅解呀！"

听了戚继光的肺腑之言，娘舅扑通一声跪倒在地，十分激动地说："你执法不分亲疏，做得很对。请放心吧，我以后再不敢违反军纪了。"

此后，戚继光在他领导的部队中建立了铁的纪律，令行禁止，从而大大增强了部队的战斗力，使这支称做"戚家军"的部队成了抗倭斗争中的主力。

■心灵物语

只有铁的纪律才能铸就铁的军队，戚继光这种大义灭亲的执法精神是值得学习的。

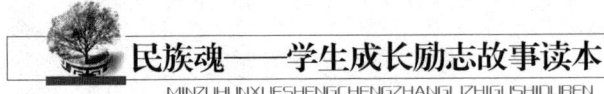
■史海钩沉

林墩抗倭大捷

　　嘉靖四十年(1561年)，倭寇骚扰福建沿海，为害甚烈。嘉靖四十一年(1562年)秋，莆田遭受倭寇蹂躏，民不聊生。福建巡抚向明廷告急，戚继光奉命率精兵六千余人来闽平倭。戚家军在宁德横屿痛击倭巢获大捷后向南挺进，击破福清牛田等地倭寇据点。这时部分倭寇集结莆田林墩，依仗河沟纵横，构筑巢穴。九月十四日凌晨，戚家军以迅雷不及掩耳之势进攻倭寇林墩大本营。官兵们游水进逼，奋勇杀敌。驻在宁海桥的张谏部与戚家军前后夹攻，与倭寇短兵相接展开巷战。戚家军连克营垒几十座，歼敌三千多名，解救百姓两千多人，倭寇残部仓皇败退到平海后遁逃出海。这次大规模歼敌战，就是历史上著名的林墩抗倭大捷。

■文苑荟萃

戚继光纪念馆

　　位于山东蓬莱振扬门北侧的戚继光纪念馆，为中轴对称二进式仿古建筑，坐北朝南。大门南向，正对振扬门，东西两侧分别建有四柱斗拱飞檐碑亭，亭内分别立"忠""孝"字碑。二字相向，碑高3米，宽1米，碑背分别镌刻戚继光和他父亲戚景通的生平。水师府为二进式院落，每进有正厅和东西厢房各一，且有回廊相连结。正厅、厢房皆单檐，琉璃瓦覆面，脊置六兽，皆有前明廊连于回廊。正厅屋面开山，厢房屋面歇山。整个纪念馆展厅展现了民族英雄戚继光保国卫民的戎马一生，同时还展出战刀、战袍等文物二十余件。戚继光纪念馆被山东省文物主管部门确定为山东省爱国主义教育基地。

 # 谢觉哉秉公断案

> 谢觉哉（1884—1971年），字焕南，别号觉斋。湖南宁乡人。中国共产党优秀党员，"延安五老"之一，著名的学者和教育家，杰出的社会活动家，法学界的先导，新中国司法制度的奠基者。早年曾在湖南省立第一师范学校任教。1921年1月加入毛泽东等创建的新民学会。1949年9月，参加中国人民政治协商会议第一届全体会议。中华人民共和国成立后，历任中央人民政府内务部长、中央人民政府法制委员会委员、政务院政法委员会委员、新法学研究院副院长等职。1956年9月，在中共八大上当选为候补中央委员。1959年4月，任最高人民法院院长。1964年12月至1971年任政协全国委员会副主席。1966年5月，在中共八届十一中全会上递补为中央委员。

　　1959年，年逾古稀的谢觉哉当选为我国最高人民法院院长。他一到职就提出："法院要恢复正常审判制度，提高办案质量，做到不纵、不宽、不漏、不错。"他还果断地废除了死刑案件用电报审批的办法，要求各省、自治区、直辖市都要把死刑犯的案卷送到最高人民法院审核，并且提出法院的领导同志每人每年都要亲自看些案卷。从此，谢觉哉就经常挑些疑难案卷仔细审核。

　　1961年的一天，谢觉哉审核云南送来的一个死刑犯案卷。被告是一个五十多岁的地主婆，罪状是她同本村群众一起上山采蘑菇，拿回来送到公共食堂煮熟充饥。蘑菇煮熟后别人都吃，唯独她没有吃。恰巧有几个群众食后中毒，大家就认为是地主婆故意采了毒蘑菇，要毒死群众

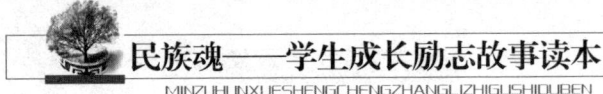
进行阶级报复。

当时，我国正处在"千万不要忘记阶级斗争"的年代，地主婆进行阶级报复的罪状是很能激起民愤的。因而地、县法院判了她死刑，省法院也已经同意。眼下，案卷就放在谢觉哉的面前。

谢觉哉看完这宗案卷，觉得疑点很多：其一，蘑菇是大家一起去采的，有谁能证明地主婆采的是毒蘑菇呢？其二，为什么有的人吃了蘑菇中毒，有的人却没有中毒呢？蘑菇的毒性到底有多大？其三，地主婆认识不认识哪些蘑菇是有毒的？其四，如果地主婆是蓄意毒害群众，而且又认识毒蘑菇，那么在大家吃蘑菇时，她为了掩盖罪行，完全可以挑些无毒蘑菇吃，可是她为什么不吃呢？

谢觉哉认为，法律面前应该是人人平等的，即便是对待地主婆，在判决前也必须把这些问题搞清楚，不应该草率从事。因此，他把案卷退回云南，要求法院复查。

云南省高级法院根据谢觉哉的指示，组织人力复查此案，很快地就弄清了事情真相。原来，地主婆根本分不清哪些蘑菇有毒，哪些蘑菇无毒，也找不出任何证据说明有毒的蘑菇是地主婆采的。她当时所以不吃蘑菇，是因为去食堂之前在家里吃了自己捡的野味，肚子已经饱了。

真相大白以后，谢觉哉指示云南省高级法院：应该把地主婆的死刑改判为无罪释放。

地主婆很快被释放了。她回家后心情格外激动，也十分感谢人民法院公正办案，把她从死亡的边缘救了回来。

□心灵物语

人命关天，谢觉哉能够做到"不纵、不宽、不漏、不错"，尽量避免冤假错案，他的这种严肃法律、有错必纠、实事求是的执法精神正是人民公仆、无产阶级先锋战士的真实写照。

抗日民族统一战线

1935年8月1日，中国共产党发表了《为抗日救国告全体同胞书》（即《八一宣言》），再次明确表示，只要国民党军队停止进攻苏区，对日作战，红军愿立刻与之携手，共同救国。宣言建议一切愿意参加抗日救国事业的党派、团体、名流学者、政治家和地方军政机关进行谈判，共同筹组国防政府和抗日联军，并呼吁各党派和军队首先停止内战，以集中一切国力去为抗日救国的神圣事业而奋斗。1935年12月，中共中央在瓦窑堡召开政治局扩大会议。会议从理论和政策上正式确立了中国共产党关于建立抗日民族统一战线策略的总路线，提出"党的任务就是把红军的活动和全国的工人、农民、学生、城市小资产阶级、民族资产阶级的一切活动汇合起来，成为一个统一的民族革命战线"。

瓦窑堡会议后，共产党一方面积极促进"一二·九"学生运动后全国人民中日益高涨的抗日救亡运动的浪潮，另一方面尽可能地向国民党上层领导人和军队将领宣传共产党的抗日主张。1936年5月5日，中国共产党向国民党政府发出《停战议和一致抗日》的通电，将"抗日反蒋"政策转变为"逼蒋抗日"政策。8月25日，中共中央公开发表《中国共产党致中国国民党书》，信中再次呼吁停止内战，建立抗日民族统一战线。1936年12月12日，西安事变爆发，中国共产党迅速确定了和平解决的方针，并应张学良、杨虎城的邀请，派周恩来、叶剑英等人赴西安谈判，迫使蒋介石接受停止内战、联共抗日等6项条件。为了促进国共两党合作的实现，1937年2月10日，中共中央又致电国民党五届三中全会，提出五项要求：停止内战，一致对外；保障言论、集会、结社之自由，释放一切政治犯；召开各党、各派、各界、各军的代表会议，集中全国人才，共同救国；迅速完成对日作战之一切准备工作；改善人民生活。

1937年8月，中共中央在陕北洛川召开政治局扩大会议，通过了《抗

日救国十大纲领》，提出了争取抗战胜利的全面抗战路线。8月25日，中共中央军委发布命令，中央红军改编为八路军，任命朱德、彭德怀为正、副总指挥，开赴华北抗日前线。10月间，又将在南方十三个地区的红军游击队改编为国民革命军新编第四军（简称新四军），任命叶挺为军长，项英为副军长，张云逸为参谋长，开赴华中抗日前线。在共产党的催促下，9月22日，国民党中央通讯社发表了《中共中央为公布国共合作宣言》。23日，蒋介石发表谈话，实际上承认了共产党的合法地位。至此，抗日民族统一战线正式形成，第二次国共合作开始。

■文苑荟萃

《边区群众报》

《边区群众报》是1940年3月25日在延安创刊的通俗周报。开始由延安大众读物社主编。1942年2月18日大众读物社结束，《边区群众报》社成立，谢觉哉任社长。该报四开四版，初办时为油印或石印，后改为铅印，由毛泽东亲自题名。该报以边区基层农村干部和农民群众为主要读者对象，行文口语化，通俗易懂。1947年3月国民党军占领延安后，该报随军转战陕北继续出版。从1948年元旦起，该报改为日刊，并改名为《群众日报》，作为中共中央西北局的机关报。同年4月延安收复后，《群众日报》又迁回延安出版。1949年6月1日又迁西安。1953年1月成为中共陕西省委机关报，1954年10月6日更名为《陕西日报》至今。

第四篇

法纪大于生命

李离愧失职自刎

> 李离（生卒年不详），春秋战国时晋国司法官，以断案严明、舍身护法著
> 称于世。

春秋时代，李离担任晋国的最高司法官。他精明干练，做事认真，很有办案经验，对于疑难案件常能准确无误地作出判断。因此，晋文公十分器重他。

李离知道，司法人员手中掌握着生杀大权，审案时稍有疏漏就会铸成大错。为了使各级司法人员都能忠于职守，他立下规矩：无论是谁办案，都要取足人证、物证，仔细调查审问，不可马虎。如果把案子判错了，司法人员就要视情节轻重量刑受罚。尤其是错判别人死刑的，司法官本人也要被处死。后来，他还把这条规矩写入刑书。

李离经手办的案子很多，都没有出过差错。可有一次在复审一件疑难案件时，因为情节过分复杂，担任初审的下属官员又作了误导，致使他把一个罪不当诛的人判了死刑。当李离发现这个错漏的时候，那个犯人已经被杀掉了。

李离为此难过得吃不下饭，睡不着觉，两三天就憔悴得如同大病一场。有人劝他说："你秉公执法、认真办案是有目共睹的事实，无意中错杀了一个人，也算不了什么大事，以后注意一点就行了。"

李离回答说："你这话可说错了。我是晋国的最高司法官，理当以身作则，维护法律的尊严。我已经把错杀人者偿命的规矩写入刑书，就

应该判我死刑。"

第二天，李离亲自到那个被错杀的人家里承认错误，还将自己的积蓄作为抚恤金给了他们。这些事办妥以后，他回到官衙，为自己写了一份死刑判决书，接着就穿上囚衣进入死牢，准备以死偿命。

晋文公闻讯吃了一惊。他赶忙派人把李离从死牢里接出来，问明情由后好言劝慰说："你的心情我完全理解。不过这次错判是因为下属官员审案不细，误导了你造成的，不能完全归罪于你。现在你脱下囚衣上班去吧，还有许多大事等着你去办呢！"

李离听出晋文公要为他开脱罪责，果断地摇头说："这次错杀是我最后拍的板。这是我的失职，绝不能把责任推在下属身上。"

晋文公见很难劝说李离，便顺水推舟地说："好吧，就算你犯了死罪，但我现在宣布赦免你，这总可以了吧？"

在场的大臣也都劝李离不要太固执，还是叩头谢恩的好。

岂知李离不顾大家的劝阻，大声地说："我错杀了人，论律当死。在法律面前是不能有例外的。"

说完，李离乘人不备，一下子从侍卫的身上抽出宝剑，"唰"的一声，自刎而死。

李离失职自刎的消息在晋国朝野引起很大震动。晋文公要求大家都把李离当做一面镜子，来鞭策监督自己更好地遵守法律。

■心灵物语

李离以死捍卫了法律的公正，从而让人们更加自觉地去遵守法纪。他这种知错必改、勇于承担责任的品质是我们应当敬佩的。

■史海钩沉

晋文公即位

公元前636年，秦穆公护送重耳回晋国。重耳即位，称晋文公。即位

后他在诸侯中威信很高。侍奉晋惠公的旧臣吕省和郤芮害怕遭到晋文公的迫害，所以想杀了他。他们计划放火烧他的宫室。勃鞮听说了他们的阴谋，想通知晋文公，但是文公拒绝他觐见，因为他曾经试图刺杀文公两次。勃鞮回答他当时是奉命行事，提醒他"过去齐桓公没有记恨管仲向他射箭"。晋文公听了，便接待了勃鞮，勃鞮就揭露了吕省和郤芮的阴谋。吕省和郤芮逃走，但是最终秦穆公把他们俘获杀死了。

公元前635年，周襄王的弟弟王子带叛乱，周襄王逃到郑国并请求晋文公援助。同时，秦国人正准备去救周王。晋文公想当霸主，所以不顾晋国刚刚才安定下来，答应了周襄王，出兵打败了王子带，并护送周襄王回京城。为了感谢晋文公的恩惠，周王把河内、阳樊等地赏赐给了晋国。

■文苑荟萃

晋文公墓

晋文公墓在山西省绛县卫庄下村。文公系春秋诸侯，晋献公次子，太子申生之弟，名重耳。献公宠爱骊姬，杀太子申生，重耳逃到狄（翟）国，在外流亡19年。后借助秦穆公的军队返晋复国，诛王子带，纳周襄王，救宋破楚，继齐桓公为盟主。其在位9年，谥号文。晋文公在位之时，国都在绛（今山西绛县）。死后葬于绛县卫庄下村西岭。

陵墓依地形而设，高达30余米，犹如山丘。据传，之前，晋文公的墓地松柏如盖，绿草如茵，郁郁葱葱，庄严静穆。墓后岭上建有祠庙，抗战期间被日寇拆毁，树木砍伐一空。现在所看到的景象是蔚然深秀的国槐遍布山丘，明代《晋文公墓》纪念碑矗立路旁，雄伟壮观。

石奢保孝护法付生命

春秋时期，楚国大臣石奢奉命巡视全国。临行前，楚昭王对他说："你已经很久没有回家乡看一看了，这次可以顺路回去住几天。"

石奢听了十分高兴。家乡的一山一水他都感到非常亲切，尤其是年过花甲的父母双亲，他更是日夜挂念。只是他在朝中公务繁忙，加之家乡位于偏僻的山野之地，路途遥远，交通不便，回一次家很不容易。这一次楚昭王主动提出让他回家探亲，他的心里非常感激。

巡视工作完毕后，石奢让随从人员先回都城，自己独自一人踏上了回乡的小路。眼看已经走到村边，忽听远处树林里传来两人斗嘴和呼救的声音。这是谁在打架？他急匆匆地向呼救处奔去。离打架的人只有十几步远了，他看见有个人正在举刀向另一个人砍去。

"啊呀！不好，有人在行凶！"

说时迟，那时快，石奢一个箭步奔过去，紧紧地抓住了杀人的凶犯。可就在这时，他惊呆了。原来这凶犯竟然是自己的父亲。

石奢抓着父亲的领口，很气愤地说："你怎么能随便杀人？这可是犯死罪的事呀！"

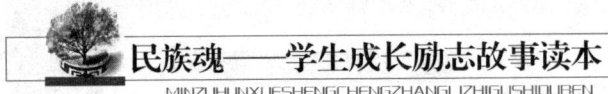

父亲惊恐地望着石奢，哀求他："这事只要你不说，就不会有人知道。你是我的儿子，就放我走吧！"

石奢的内心十分矛盾，也很痛苦。在不知不觉中，他的手渐渐地松开了。父亲乘机逃走了。

这时，石奢再也没有进村探望父母的兴致了。他日夜兼程地返回都城，立即把在路上遇见父亲杀人和自己放父亲逃走的事情报告了秦昭王。他说："杀人凶手是我的父亲，如果我把他抓住并且判了死刑，是违背孝道的，我不忍心这么做；但是把父亲放了，我就犯了纵放凶犯的大罪。我作为大臣知法犯法，是应当判处死刑的。请求大王把我处死吧！"

楚昭王爱惜人才。他觉得石奢年轻有为，廉洁公正，办事井井有条，实在是国家的栋梁之材。突然出了这么一件事，如果按照法律把石奢处死，真是可惜得很。怎么办呢？他想了好一阵，开口说："在这件事情上，你并没有责任，因为并不是你故意放走了杀人凶手，而是你父亲趁机自己挣脱逃走的。不要再追究这件事了，你就安心料理政事吧。"

但是石奢又说："对于大王的恩典，我是很感激的。但对我来讲，不偏袒自己的父亲，就不是孝子；不按国家的法律办事，就不是忠臣。我做了孝子，却违背了国法。因此，即使大王赦免了我，我当臣子的，也有责任维护国家法律的尊严。"

石奢说完，就向楚昭王拜谢告辞。他刚走出宫门，就拔剑刎颈而死。楚昭王和众官员看了，都惊叹不已，为楚国损失了这样一位奉公守法的优秀人才而感到惋惜。

心灵物语

石奢放走了犯法的父亲然后引颈自刎，既保全了孝道，又维护了国家法律的尊严，应该说是很理想的，但他却付出了生命的代价。

 # 道同执法殉职

> 道同（？—1380年），明河间（今属河北）人。先辈为蒙古族。洪武初推荐为太常寺赞礼郎，后出知番禺（今属广东）。为人刚正不阿，民赖以安。因屡忤永嘉侯朱亮祖，被诛。

明朝开国以后，挑选了一批品学兼优的人才去各地担任地方官吏。住在河间（今河北省河间市）的蒙古族人道同被派到广东番禺（广州府治所在地）做了知县。

道同做官刚正不阿，当地百姓交口称誉。有一天，他和几个随从在街上散步，正遇一伙歹徒殴打两个做买卖的小贩。其中一个小贩已被打倒在地，满脸是血。道同见状，喝住打人的歹徒，又命随从查验被打者的伤势，岂知那人已经被活活地打死了。

见出了人命，道同立即差人把歹徒拿进县衙。他升堂问明案情后，便把两个主犯囚进大木笼里，摆在十字街口示众，并准备奏请朝廷按律问斩。

住在番禺县城里的明朝开国功臣朱亮祖，听说此事后也到街头看热闹，一看才知道囚在木笼里的歹徒是两个和他交情颇深的当地乡绅。他赶紧发出请帖，把道同叫进府里，当面交代说：

"你囚在木笼里的那两个犯人是我的朋友。他们有什么错，我教训几句就可以了，你就放了他们吧！"

道同不卑不亢，严肃地回答说："您的吩咐我断然不敢听从，因为

我拿了朝廷的俸禄，就要为国安民。那两个歹徒打死了人，按照法律是要偿命的。我绝不会容情卖法。"说完，他拂袖而去。

朱亮祖万万没有料到，一个小小的七品芝麻官竟敢拒绝他的要求。他恼羞成怒，就派出一队家丁到十字街口私自砸毁木笼，放走囚犯，还当众侮辱和鞭打了道同。

道同并未在恶势力面前低头屈服。他不顾自己官小职卑，立即给明太祖朱元璋写了一份奏折，报告朱亮祖目无王法，私放囚徒的不法行为。他还在奏折中历数朱亮祖和他儿子横行一方、欺压百姓的种种事实。可是朱亮祖也很狡诈，他恶人先告状，早已抢在道同的前面上奏了朝廷，诬蔑道同蔑视功臣，心怀不轨，建议处以重刑。

明太祖朱元璋接到朱亮祖的奏折后，没有仔细考虑，就下诏将道同"杀无赦"。几天以后，他接到道同的奏折，才知道了事情的真相。他为道同执法不避权贵的凛然正气所感动，赶忙下了赦免道同的诏书。可惜诏书到达广东时，道同已经被朱亮祖杀害了。

明太祖朱元璋得知道同被杀的消息后，心中非常后悔。他暗责自己处理此事不够慎重。为了挽回影响，他派人到番禺重审道同遗留下的旧案，将杀人的歹徒处以死刑。不久，明太祖朱元璋把道同告发朱亮祖和他儿子朱暹的种种罪行也逐一查实，将这对作恶多端的父子召回南京法办了。

■心灵物语

道同不畏权势，秉公办案，最终以身殉职。他的行为维护了法律的尊严，是我们所敬佩的榜样。

■史海钩沉

郑和下西洋

郑和下西洋是指明朝初期郑和奉命出使西洋的航海活动。郑和先后7

次下西洋，其时间之长、规模之大、范围之广都是空前的。它不仅在航海活动上达到了当时世界航海事业的顶峰，而且对发展中国与亚洲各国家政治、经济和文化友好关系，做出了巨大的贡献。

1405年7月11日（明永乐三年），明成祖命郑和率领庞大的由二百四十多艘海船、2.74万名士兵和船员组成的远航船队出使西洋，先后访问了三十多个西太平洋和印度洋的国家和地区，加深了中国同东南亚、东非的友好关系。最后一次，宣德八年四月回程到古里时，郑和在船上因病过世。民间故事《三保太监西洋记通俗演义》将他的旅行探险称之为三保太监下西洋。

郑和曾到达过爪哇、苏门答腊、苏禄、彭亨、真腊、古里、暹罗、阿丹、天方（阿拉伯国家）、左法尔、忽鲁谟斯、木骨都束等三十多个国家，最远曾到达非洲东海岸，红海、麦加（伊斯兰教圣地），并有可能到过今天的澳大利亚。

■文苑荟萃

《普济方》

《普济方》由明太祖第五子周定王主持，滕硕、刘醇等人执笔汇编而成，刊于1406年，初刻本已散佚。几百年来，除少数藏书家藏有一些残卷，如永乐刻本存19卷，明抄本存35卷等外，惟《四库全书》收有全文。

本书是我国古代最大的一部方书。全书大致分为12部分，卷1~5为方脉，卷6~12为运气，卷13~43为脏腑，卷44~86为五官，卷87~250为内科杂病，卷251~267为杂治，卷268~270为杂录和符禁，卷271~315为外伤科，卷316~357为妇科，卷358~408为儿科，卷409~424为针灸，卷425~426为本草。编次条理清晰，内容十分丰富。自古经方，本书最为完备。资料除取自历代方书外，还兼收史传、杂说、道藏、佛典中的有关内容。

胡建为正军法自杀

胡建（？—前86年），字子孟。西汉河东（今晋南地区）人。汉武帝时期的一位下级官吏，先后任过守军正丞和县令。但他敢于同不法势力斗争，刚正不阿，在当时很有名望，也受到后人的尊崇。

汉武帝天汉年间，胡建在禁卫军中担任代理守军正丞。西汉禁卫军分为南军和北军两部分，每军都专门设置主管军法的官员，称为守军正。所谓守军正丞，即为其下属官吏。

由于职位低下，胡建自己又很贫穷，所以不能自备军骑，只能与步卒一同起居。但他关心爱护兵士，得到士卒的真诚拥护，因而他的命令在士卒中能够得到绝对的贯彻执行。

对于违反军纪军规的行为，胡建毫不容情。不论任何人，他都敢于反抗。当时的监军御史为谋取私利，私自派人将北军军营的垣墙打通做买卖。这显然违反军纪，而且这样做势必涣散军心，瓦解斗志，把军队搞成一盘散沙。但这种事情又构不成犯法，法律是不能制裁他的。胡建虑及这些情况，决定先斩后奏，先处置了监军御史，以整肃军纪，然后再报告皇帝。他选择了一个校武选士的日子，驱使随行步卒登入将领就座的选士台，将监军御史当场拉出，斩首示众，然后当众宣布了斩杀监军御史的理由，使全军震动。他的这一行动，后来得到汉武帝的高度赞

赏，并特下诏书，表彰他的举动。胡建亦因此而扬名。

汉武帝末年到汉昭帝初年，胡建出任渭城县县令。渭城县在京师长安附近，皇亲国戚、达官显贵常常出入于此。因此此地比一般县更难治理。但胡建不怕皇亲国戚的凌迫，也不畏权贵的威胁，敢于打击恶势力，保护普通百姓的利益。

当时，昭帝初立，上官桀与霍光同时受命辅政。皇后为上官桀的孙女，其父上官安与昭帝之姊的情夫互相勾结，多行不法。因为京兆尹樊福对他们的不法行为常有钳制，他们将樊福视为眼中钉，收买刺客将樊福杀害，并把刺客隐藏于昭帝之姊的住处。昭帝之姊的食邑地在渭域，胡建就派士卒包围了她的住处，搜捕刺客。昭帝之姊倚仗权势，不但不交出刺客，还唆使她的情夫和外祖父率领家奴武力驱散了胡建派去的士兵。事后，昭帝之姊还反咬一口，唆使仆射弹劾胡建，说胡建派巡城之人杀了她的家奴，并说胡建还用箭射她的甲第。幸好霍光对胡建暗中保护，才使昭帝之姊的恶状没有告成。但是，他们并不甘心就此罢休。后来，乘霍光有病休假之机，上官桀下令逮捕胡建。胡建得知这一消息后，愤懑自杀。当时，京城附近官吏百姓都为胡建鸣不平，特地为他立祠，表达对他的怀念和对恶势力的抗议。

■心灵物语

作为一名下级官吏，胡建的名字能够留在史册上，足以说明他在当时的影响。从《汉书》对他事迹的简略记述中，可以窥见他一生的行为。虽然他最终被权势所逼，含恨而死，但他的精神却值得赞颂。

■史海钩沉

大汉盛世

西汉中期算是汉朝最强盛的时期了。汉景帝死后，太子刘彻即位，即汉武帝。汉武帝一上台便改变了"无为而治"的治国策略，对外三度攻打

匈奴，把匈奴驱逐至漠北地区；打通西域，开辟了"丝绸之路"。对内则实行"推恩令"，削弱诸侯王的力量；并召开"盐铁会议"将制盐和制铁的事业收为国有。但武帝对外的战争也是有代价的，武帝三打匈奴后继续对匈奴攻伐，令匈奴边患再次复燃；武帝时国家的税收再次增加；武帝时的刑罚也更加严厉，后期因此发生了一些暴乱；武帝时开销甚大，因此创立"均输""平准"官，与民争利。另外，"罢黜百家，独尊儒术"，也使儒家成为了中国固有的文化潮流。

■文苑荟萃

《九章算术》

《九章算术》是中国古代第一部数学专著，也是算经十书中最重要的一种。该书内容十分丰富，系统总结了战国、秦、汉时期的数学成就。同时，《九章算术》在数学上还有其独到的成就，不仅最早提到分数问题，也首先记录了盈不足等问题。"方程"章还在世界数学史上首次阐述了负数及其加减运算法则。

该书经多次增补，成书时间已不可考，但据估算最迟在公元一世纪已有了现传本。西汉张苍曾经对之校正补充。许多人曾为它作过注释，其中不乏历史上的数学名人，最著名的有刘徽（263年）、李淳风（656年）等。要注意的是，《九章算术》没有作者，它是一本综合性的历史著作，是当时世界上最先进的应用数学。它的出现也标志着中国古代数学形成了完整的体系。

 # 少年王璞誓死守约

> 　　王璞（1929—1943年），也作王朴，幼名兰贵。河北完县人。从小跟随父母参加抗日工作，11岁时被选为儿童团长。他经常带领小伙伴们拿着红缨枪站岗放哨查路条，给八路军送信带路，开展拥军优属活动。王璞工作认真，学习也很刻苦。他对自己要求很严格，每学一篇新课文，都要做到会认、会写、会讲、会用。

　　1943年5月的一天，晋察冀边区完县野场村的群众接到上级通知，敌人的"扫荡"队伍很快就要进山了，于是全村男女老少立即投入了反"扫荡"的斗争当中。

　　在本村的抗日小学里，14岁的儿童团长王璞和同学们共同讨论制定了《抗日公约》。这个《抗日公约》共有四条：不上鬼子（即日本侵略军）学，不念鬼子书；不吃鬼子糖，不上鬼子当；不向鬼子说实话，不给鬼子带路；不暴露八路军，不说出村干部。

　　王璞还向同学们表示："假如我被鬼子抓住了，就是刀架在脖子上，也不当孬种。"

　　这天半夜，王璞睡得正香，就被当村长的爹唤醒，让他一起去"坚壁清野"。那时凉风习习，繁星满天。王璞爹领着五六个民兵抬着几只沉甸甸的箱子来到隐蔽地点后，压低声音很严肃地对大家说："这是几箱八路军转移时留下来的枪支弹药，咱们一定要严格保守机密！"说完，让王璞和一个叫山虎的孩子去放哨。民兵们挖地窖，埋箱子，直到

天快亮时才完成任务。

没过多久，"扫荡"根据地的鬼子就开进了野场村。这时村里的乡亲都转移进了桃树沟，只有民兵在村附近打游击，放冷枪，不断地骚扰敌人。

穷凶极恶的鬼子放火烧了野场村，又像梳头一样，一条山沟一条山沟地进行搜索。直到第六天早晨，由于一个叫龙旺水的汉奸告密，鬼子兵分两路向桃树沟扑来，把藏在沟里的二三百个乡亲都抓住了。

鬼子强迫乡亲们集合在一起，四面架起机枪，让一个翻译对大家说："不要害怕，只要说出八路军埋藏枪支弹药和粮食的地方，把抗日干部交出来，就会重重有赏。"

但没有一个人出声。

翻译又说："你们如果不说，皇军就要机枪点名了。"

人群中还是没有回答。

"砰砰砰"，这一梭子弹是朝天放的。听见枪声，人群中有些骚动。一些孩子受了惊吓，大哭起来。

这时，王璞突然从人群中挤了出来，向乡亲们高喊："爷爷奶奶，婶子大娘，咱们啥也不能说啊！咱们宁死也不当汉奸！"

"对，咱们宁死也不当汉奸！"

王璞又挥动手臂高喊："儿童团员们，请记住咱们的《抗日公约》！"

人群里，三四十个儿童团员都默默地背诵《抗日公约》。

乡亲们的情绪开始稳定下来，视死如归地面对着凶残的敌人。

鬼子从乡亲们的口里套不出半句话来，恼羞成怒，开始杀人。在这生死关头，王璞高昂着头，用尽全身的力气高呼："打倒日本帝国主义！"

人们也一齐高喊："打倒日本帝国主义！"

鬼子的机关枪又"砰砰砰"地响个不停。王璞和117名手无寸铁的群众英勇地牺牲了。

反"扫荡"斗争结束后，晋察冀边区政府和完县抗日县政府为纪念在桃树沟牺牲的烈士，召开了隆重的追悼大会。会上，授予王璞"抗日民族小英雄"的称号。新中国成立后，人民政府把王璞生前用过的石

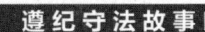

板、红缨枪和牺牲时压在背脊下面的四堆小石头作为珍贵文物，陈列在了中国革命博物馆里。

▯心灵物语

　　王璞小小年纪就能做到民族大义当前，誓死遵守约定。他的这种精神是我们当代青少年学习的榜样。

▯史海钩沉

抗日民族统一战线的建立

　　1931年九一八事变日本侵占中国东北后，中国共产党为建立以国共合作为基础的抗日民族统一战线进行了长期不懈的努力。1936年，经过双十二事变（西安事变）国共合作组成了第二次全国抗日民族统一战线。1937年"卢沟桥事变"后，全国抗日战争爆发。参加统一战线的不仅有农民、工人、城市小资产阶级和民族资产阶级，还包括除了汉奸、大地主、大资产阶级投降派以外的一切政治力量。日本帝国主义的野蛮侵略，使中华民族处于生死存亡的关头，民族矛盾上升为主要矛盾。国共两党是抗日民族统一战线的核心，决定着统一战线的发展方向。

▯文苑荟萃

太行春感

朱　德

远望春光镇日阴，太行高耸气森森。
忠肝不洒中原泪，壮志坚持北伐心。
百战新师惊贼胆，三年苦斗献吾身。
从来燕赵多豪杰，驱逐倭儿共一樽。

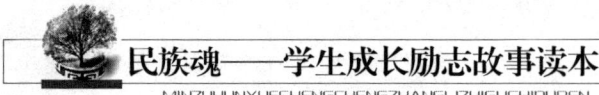

邱少云守纪烈火焚身

> 邱少云（1926—1952年），四川省铜梁县（现重庆市铜梁区）人。革命烈士，中国人民志愿军一级英雄。

抗美援朝战争中，志愿军战士邱少云被批准参加了一支潜伏部队。出发之前，部队首长反复交代潜伏纪律："进入指定位置后，每个人都必须始终保持伪装，一直坚持到发起总攻的时刻。"

1952年10月10日深夜，邱少云和五百多名全副武装的战友神不知鬼不觉地进入了潜伏位置。直到第二天天亮以后，邱少云才看清楚：他们的潜伏位置四周是一片深草。这里距离敌人占据的三九一高地只有六十多米。三九一高地上有用交通壕联结起来的一道道铁丝网和一簇簇地堡群，持枪的敌人在交通壕里来回走动，不时地用望远镜观察山下的动静。一挺挺机枪也从地堡的射口直对山下。在这种形势下，只要邱少云和他的战友有一个人稍有响动，就会被居高临下的敌人发现，造成不堪设想的后果。

为了不被敌人发现，邱少云和他的战友们忍着饥渴，一动不动地躺卧在潜伏位置。他们每个人从头到脚披挂着和周围枯草一样的伪装，微风吹来，枯草和伪装一齐摆动，很难看出破绽。

可到了上午10点多，突然有十几个敌人跳出交通壕向深草滩的方向走来，一边走还一边漫无目标地乱开枪。这时，邱少云和他的战友们都屏住呼吸，用眼神互相鼓励着："要镇静，要严格遵守潜伏纪律啊！"幸好这队敌人走了一二十米远就返回去了，大家稍稍松了一口气。

过了半个多小时，敌人的飞机来了。从飞机上往下投掷了几颗燃烧弹，深草中瞬时燃起数处大火。幸好潜伏部队很分散，没有造成伤亡。但是，一颗燃烧弹落到了离邱少云两米多远的草地上，有一滴飞迸出来的燃烧液恰恰溅到了邱少云的左腿上。一眨眼，邱少云腿上扎的用来伪装的草就烧着了，火苗腾腾地烧起来，很快形成一团烈火，把邱少云整个包围了。

怎么办？在邱少云身后几步远的地方，就是一条水沟。他只要后退一下，在泥水里打几个滚，就可以把身上的火苗扑灭。可如果这么做的话，就会暴露潜伏队伍……

邱少云牢记着出发前部队首长一再强调的潜伏纪律。他为了整个战斗的胜利，为了五百多名战友的安全，任凭烈火烧身，忍受着极大的痛苦，一动不动地趴在那里。

十几分钟过去了，邱少云额头冒出大颗大颗的汗珠。他紧闭双眼，咬着牙，呼呼地喘着粗气，仍然像沉重的巨石一样一动也不动。

旁边战友们的心像在滚油锅里一样受着熬煎。他们眼看着邱少云被无情的烈火吞噬，是多么悲痛呀！泪水已经模糊了他们的眼睛，他们默默地呼唤着邱少云的名字，多么想冲过去援救他呀！可是……

邱少云的棉衣快要烧完了，邱少云身上的烈火渐渐地熄灭了。为了战斗的胜利，为了潜伏部队全体战友的安全，邱少云献出了他年轻的生命。

下午5点30分，部队向敌人发起总攻。潜伏部队迅速冲向敌人，在后续部队的支援下，仅用20分钟就攻克了三九一高地，为志愿军将战线向南推进打开了缺口。

战斗结束后，志愿军领导机关授予邱少云一级战斗英雄的称号。

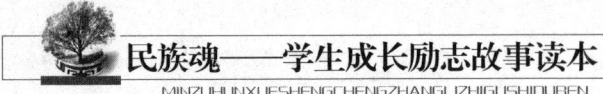
1953年6月1日，朝鲜民主主义人民共和国为邱少云颁发了金星奖章和一级国旗勋章，以表彰邱少云在战争中的功勋。

■心灵物语

邱少云以惊人的毅力和坚定的信念，忍受着烈火焚身的巨大痛苦直至牺牲，他这种为了战斗的胜利、不怕牺牲的精神是多么伟大啊！

■史海钩沉

邱少云身后殊荣

中国人民赴朝慰问团文艺工作团赠给特等功臣邱少云烈士的锦旗上写道："献给中国人民志愿军伟大战士邱少云永垂不朽"。志愿军第15军全体指战员献给邱少云烈士家属的锦旗上写道："祖国人民的光荣"。四川省人民政府和四川省抗美援朝分会给邱少云烈士家属的锦旗上写道："光荣之家"。四川省军区司令部、政治部给邱少云烈士家属的锦旗上写道："伟大人民的战士，英雄不朽的功绩"。

2009年9月14日,他被评为一百位新中国成立以来感动中国人物之一。

■文苑荟萃

赞抗美援朝

（近代）郭沫若

煌煌烈士尽功臣，不灭光辉不朽身。
鸭绿江南花胜锦，北陵园畔草成茵。
英雄气魄垂千古，国际精神召万民。
峻极高山齐仰止，誓将纸虎化为尘。